SÍNODO DOS BISPOS
XIV ASSEMBLEIA GERAL ORDINÁRIA

A VOCAÇÃO E A MISSÃO DA FAMÍLIA NA IGREJA E NO MUNDO CONTEMPORÂNEO

RELATÓRIO FINAL DO SÍNODO DOS BISPOS AO SANTO PADRE FRANCISCO

HOMILIAS DO SANTO PADRE

Direção-geral: *Bernadete Boff*
Editora responsável: *Maria Goretti de Oliveira*

1ª edição – 2016

Nenhuma parte desta obra poderá ser reproduzida ou transmitida por qualquer forma e/ou quaisquer meios (eletrônico ou mecânico, incluindo fotocópia e gravação) ou arquivada em qualquer sistema ou banco de dados sem permissão escrita da Editora. Direitos reservados.

Paulinas
Rua Dona Inácia Uchoa, 62
04110-020 – São Paulo – SP (Brasil)
Tel.: (11) 2125-3500
http://www.paulinas.org.br – editora@paulinas.com.br
Telemarketing e SAC: 0800-7010081

© Pia Sociedade Filhas de São Paulo – São Paulo, 2016

SIGLAS

AA – *Apostolicam Actuositatem*, Decreto, Concílio Ecumênico Vaticano II

AG – *Ad Gentes*, Decreto, Concílio Ecumênico Vaticano II

CIgC – Catecismo da Igreja Católica

CIC – *Codex Iuris Canonici* – Código de Direito Canônico

CV – *Caritas in Veritate*, Carta Encíclica, Bento XVI

DCE – *Deus Caritas Est*, Carta Encíclica, Bento XVI

GS – *Gaudium et Spes*, Constituição Pastoral, Concílio Ecumênico Vaticano II

EG – *Evangelii Gaudium*, Exortação Apostólica, Francisco

EN – *Evangelii Nuntiandi*, Exortação Apostólica, Beato Paulo VI

EV – *Evangelium Vitae*, Carta Encíclica, São João Paulo II

FC – *Familiaris Consortio*, Exortação Apostólica, São João Paulo II

LF – *Lumen Fidei*, Carta Encíclica, Francisco

LG – *Lumen Gentium*, Constituição Dogmática, Concílio Ecumênico Vaticano II

LS – *Laudato Si'*, Carta Encíclica, Francisco

MI – *Mitis Iudex Dominus Iesus*, Carta Apostólica *Motu Proprio*, Francisco

MV – *Misericordiae Vultus*, Bula, Francisco

NA – *Nostra Aetate*, Decreto, Concílio Ecumênico Vaticano II

RMi – *Redemptoris Missio*, Carta Encíclica, São João Paulo II

VS – *Veritatis Splendor*, Carta Encíclica, São João Paulo II

INTRODUÇÃO

1. Nós, Padres, reunidos em Sínodo ao redor do Papa Francisco, somos-lhe gratos por ter-nos convocado para refletir com ele, e sob a sua guia, acerca da vocação e da missão da família hoje. A ele oferecemos o fruto do nosso trabalho com humildade, conscientes dos limites que o mesmo apresenta. No entanto, podemos afirmar que tivemos constantemente presente as famílias do mundo, com as suas alegrias e esperanças, com as suas tristezas e angústias. Os discípulos de Cristo sabem que "não há realidade alguma verdadeiramente humana que não encontre eco no seu coração. Porque a sua comunidade é formada por homens que, reunidos em Cristo, são guiados pelo Espírito Santo na sua peregrinação para o Reino do Pai, e receberam a mensagem da salvação para comunicá-la a todos. Por este motivo, a Igreja sente-se real e intimamente ligada ao gênero humano e à sua história".[1] Agradecemos ao Senhor a fidelidade generosa com a qual tantas famílias cristãs respondem à sua vocação e missão, mesmo diante de obstáculos, incompreensões e sofrimentos. A estas famílias dirige-se o encorajamento de toda a Igreja que, unida ao seu Senhor e amparada pela ação do Espírito, sabe que tem uma palavra de verdade e de esperança para dirigir a todos os homens. Foi o que recordou o Papa Francisco na celebração com a qual se inaugurou a última etapa deste

---

[1] CONCÍLIO VATICANO II. Constituição pastoral *Gaudium et Spes*, n. 1.

caminho sinodal, dedicado à família: "Deus não criou o ser humano para viver na tristeza ou para estar sozinho, mas para a felicidade, para partilhar o seu caminho com outra pessoa que lhe seja complementar... [...]. É o mesmo desígnio que Jesus [...] resume com estas palavras: 'Desde o princípio da criação, Deus fê-los homem e mulher. Por isso, o homem deixará o seu pai e a sua mãe para se unir à sua mulher, e os dois serão um só. Portanto, já não são dois, mas um só' (Mc 10,6-8; cf. Gn 1,27; 2,24)". Deus "une os corações de um homem e de uma mulher que se amam e liga-os na unidade e na indissolubilidade. Isto significa que o objetivo da vida conjugal não é apenas viver juntos para sempre, mas amar-se para sempre. Jesus restabelece assim a ordem originária e originadora. [...] Só à luz da loucura da gratuidade do amor pascal de Jesus é que aparecerá compreensível a loucura da gratuidade de um amor conjugal único e *usque ad mortem*".[2]

2. Ventre de alegrias e de provações, a família é a primeira e fundamental "escola de humanidade".[3] Não obstante os sinais de crise da instituição familiar nos vários contextos, o desejo de família permanece vivo nas jovens gerações. A Igreja, perita em humanidade e fiel à sua missão, anuncia com profunda convicção o "Evangelho da família": recebido com a revelação de Jesus Cristo e ininterruptamente ensinado pelos Padres, pelos Mestres da espiritualidade e pelo Magistério da Igreja. Para o cami-

---

[2] FRANCISCO. *Homilia da Missa de abertura do Sínodo*, 4 de outubro de 2015.
[3] Cf. GS, n. 52.

nho da Igreja, a família adquire uma importância especial: "Tanto era o amor, que [Deus] começou a caminhar com a humanidade; ele começou a caminhar com o seu povo, até que chegou o momento propício e ele deu a demonstração do maior amor: o seu Filho. E para onde mandou o seu Filho? Para um palácio, para uma cidade, para construir uma empresa? Enviou-o para uma família. Deus entrou no mundo por meio de uma família. E pôde fazê-lo porque essa família era uma família que tinha um coração aberto ao amor, que tinha as portas abertas".[4] As famílias de hoje são enviadas como "discípulos missionários".[5] Neste sentido, é necessário que a família volte a descobrir-se como agente imprescindível para a evangelização.

3. O Papa chamou o Sínodo dos Bispos a refletir sobre a realidade da família. "O próprio *convenire in unum* em torno do Bispo de Roma já é evento de graça, no qual a colegialidade episcopal se manifesta num caminho de discernimento espiritual e pastoral".[6] No espaço de dois anos realizaram-se a Assembleia Geral Extraordinária (2014) e a Assembleia Geral Ordinária (2015), que assumiram a tarefa de escuta dos sinais de Deus e da história dos homens, na fidelidade ao Evangelho. O fruto do primeiro encontro sinodal, ao qual o povo de Deus deu a sua importante contribuição, confluiu na *Relatio Synodi*. O nosso diálogo e a

---

[4] FRANCISCO. *Discurso na Festa das Famílias*, Filadélfia, 26 de setembro de 2015.
[5] Cf. FRANCISCO. Exortação apostólica *Evangelii Gaudium*, n. 120.
[6] FRANCISCO. *Discurso por ocasião da Vigília em preparação para o Sínodo Extraordinário sobre a família*, 4 de outubro de 2015.

nossa reflexão foram inspirados por uma atitude tríplice. A escuta da realidade da família hoje, na perspectiva da fé, com a complexidade das suas luzes e das suas sombras. O olhar sobre Cristo, para voltar a considerar com renovado vigor e entusiasmo a revelação, transmitida na fé da Igreja. O confronto no Espírito Santo, para discernir os caminhos com os quais renovar a Igreja e a sociedade no seu compromisso a favor da família fundada no matrimônio entre homem e mulher. O anúncio cristão que diz respeito à família é deveras uma boa notícia. Além de ser solicitada a responder às problemáticas atuais, a família é chamada por Deus sobretudo a adquirir uma consciência sempre renovada da própria identidade missionária. A Assembleia sinodal foi enriquecida com a presença de casais e de famílias no âmbito de um debate que lhes diz diretamente respeito. Conservando o precioso fruto da Assembleia precedente, dedicada aos desafios sobre a família, dirigimos o olhar para a sua vocação e missão na Igreja e no mundo contemporâneo.

I Parte

A IGREJA À ESCUTA DA FAMÍLIA

4. O mistério da criação da vida na terra enche-nos de encanto e admiração. A família baseada no matrimônio do homem e da mulher é o lugar magnífico e insubstituível do amor pessoal que transmite a vida. O amor não se reduz à ilusão do momento, o amor não é fim em si mesmo, o amor procura a confiabilidade de um "tu" pessoal. Na promessa recíproca de amor, na boa e na má sorte, o amor exige continuidade de vida, até a morte. O desejo fundamental de formar a rede amorosa, sólida e intergeracional da família apresenta-se significativamente constante, para além dos confins culturais e religiosos e das mudanças sociais. Na liberdade do "sim", trocado pelo homem e pela mulher para a vida inteira, faz-se presente e experimenta-se o amor de Deus. Para a fé católica o matrimônio é sinal sagrado no qual o amor de Deus se torna eficaz para a sua Igreja. Por conseguinte, a família cristã é parte da Igreja viva: uma "igreja doméstica".

O casal e a vida no casamento não são realidades abstratas, permanecem imperfeitas e vulneráveis. Por isso, é sempre necessária a vontade de se converter, de perdoar e de recomeçar. Em nossa responsabilidade de pastores, preocupamo-nos com a vida das famílias. Desejamos ouvir a sua realidade de vida e os seus desafios, e estar ao seu lado com o olhar amoroso do Evangelho. Pretendemos fortalecê-las e ajudá-las a aceitar a sua missão hoje. Queremos acompanhá-las com um coração grande também nas suas preocupações, infundindo-lhes coragem e esperança a partir da misericórdia de Deus.

Capítulo I

A FAMÍLIA E O CONTEXTO ANTROPOLÓGICO-CULTURAL

O contexto sociocultural

5. Dóceis ao que o Espírito Santo nos pede, aproximamo-nos das famílias de hoje na sua diversidade, sabendo que "Cristo, o novo Adão [...] revela plenamente o homem a si mesmo".[7] Dirigimos a nossa atenção aos desafios contemporâneos que influem sobre muitíssimos aspectos da vida. Estamos cientes da orientação principal das mudanças antropológico-culturais, em virtude das quais os indivíduos são menos apoiados do que no passado pelas estruturas sociais na sua vida afetiva e familiar. Por outro lado, é preciso considerar igualmente o desenvolvimento de um individualismo exasperado que desvirtua os vínculos familiares, fazendo prevalecer a ideia de um sujeito que se constrói segundo os próprios desejos, debilitando todos os vínculos. Pensamos nas mães e nos pais, nos avós, nos irmãos e nas irmãs, nos parentes próximos e distantes, bem como no laço entre duas famílias que todo casamento estabelece. Contudo, não devemos esquecer a realidade vivida: em toda a parte, a solidez dos vínculos familiares continua

---

[7] GS, n. 22.

a manter vivo o mundo. Permanece grande a dedicação ao cuidado da dignidade de cada pessoa – homem, mulher e crianças – dos grupos étnicos e das minorias, assim como à defesa dos direitos de cada ser humano de crescer numa família. A fidelidade não é honrada se não for confirmada uma convicção clara do valor da vida familiar, sobretudo confiando na luz do Evangelho também nas diversas culturas. Estamos cientes das grandes transformações que a mudança antropológico-cultural que está acontecendo determina em todos os aspectos da vida, e permanecemos firmemente persuadidos de que a família é dom de Deus, o lugar no qual ele revela o poder da sua graça salvífica. Também hoje o Senhor chama o homem e a mulher ao matrimônio, acompanha-os na sua vida familiar e oferece-se a eles como dom inefável; é um dos sinais dos tempos que a Igreja é chamada a perscrutar e interpretar "à luz do Evangelho, para que assim possa responder, de modo adaptado em cada geração, às eternas perguntas dos homens acerca do sentido da vida presente e futura, e da relação entre ambas. É, por isso, necessário conhecer e compreender o mundo em que vivemos, as suas esperanças e aspirações, bem como o seu caráter muitas vezes dramático".[8]

O contexto religioso

6. A fé cristã é forte e viva. Em algumas regiões do mundo, observa-se uma relevante contração da incidência religiosa no espaço social, que influi na vida das famílias.

---

[8] Ibidem, n. 4.

Esta orientação tende a relegar a dimensão religiosa para a esfera particular e familiar, podendo até chegar a impedir o testemunho e a missão das famílias cristãs no mundo atual. Nos contextos sociais de bem-estar avançado, as pessoas correm o risco de confiar toda a esperança à busca exasperada do sucesso social e da prosperidade econômica. Em outras regiões do planeta, os efeitos negativos de uma ordem econômica mundial injusta induzem a formas de religiosidade expostas a extremismos sectários e radicais. Devem-se mencionar também os movimentos animados pelo fanatismo político-religioso, muitas vezes hostil ao cristianismo. Criando instabilidade e semeando desordem e violência, eles são causa de tantas misérias e sofrimentos para a vida das famílias. A Igreja é chamada a acompanhar a religiosidade vivida nas famílias a fim de orientá-la para um sentido evangélico.

A mudança antropológica

7. Nas diversas culturas, a relação e a pertença são valores importantes que forjam a identidade dos indivíduos. A família oferece à pessoa a possibilidade de se realizar e de contribuir para o crescimento dos outros na sociedade mais ampla. A própria identidade cristã e eclesial recebida no Batismo floresce na beleza da vida familiar. Na sociedade atual observa-se uma multiplicidade de desafios que, em maior ou menor medida, se manifestam em várias partes do mundo. Nas diversas culturas, não poucos jovens mostram resistência aos compromissos definitivos no que diz respeito às relações afetivas, e muitas vezes preferem conviver com um parceiro ou simplesmente manter relações ocasionais. A diminuição da natalidade é o resultado de vários fatores, entre os quais a industrialização, a revolução sexual, o receio da superpopulação, os problemas econômicos e o crescimento de uma mentalidade contraceptiva e abortista. A sociedade de consumo pode também dissuadir as pessoas de ter filhos, com o único motivo de manter a sua liberdade e o seu estilo de vida. Alguns católicos têm dificuldade de levar a vida de acordo com o ensinamento da Igreja Católica sobre o matrimônio e a família, e de ver nesse ensinamento a bondade do desígnio criador de Deus para eles. Em algumas partes do mundo os matrimônios diminuem, enquanto as separações e os divórcios não são raros.

As contradições culturais

8. As condições culturais que afetam a família mostram em grandes áreas do mundo um quadro contrastante, também pela influência massiva dos meios de comunicação. Por um lado, o matrimônio e a família gozam de grande estima, e ainda é dominante a ideia de que a família representa o porto seguro dos sentimentos mais profundos e gratificantes. Por outro, às vezes esta imagem assume as caraterísticas de expectativas excessivas e, por isso, de pretensões recíprocas exageradas. As tensões induzidas por uma exasperada cultura individualista da posse e do gozo geram, no âmbito das famílias, dinâmicas de intolerância e agressividade. Pode-se mencionar até uma certa visão do feminismo, que denuncia a maternidade como um pretexto para a exploração da mulher e um impedimento à sua plena

realização. Além disso, verifica-se a tendência crescente a considerar a geração de um filho como mero instrumento para a afirmação de si, a ser obtido com qualquer meio.

Hoje, um desafio cultural de grande destaque sobressai daquela ideologia do gênero que nega a diferença e a reciprocidade natural de homem e mulher. Ela apresenta uma sociedade sem diferenças de sexo, esvaziando a base antropológica da família. Esta ideologia induz a projetos educativos e a orientações legais que promovem uma identidade pessoal e uma intimidade afetiva radicalmente desvinculadas da diversidade biológica entre homem e mulher. A identidade humana é entregue a uma opção individualista, também variável no tempo. Na visão da fé, a diferença sexual humana contém em si a imagem e a semelhança de Deus (cf. Gn 1,26-27). "Isto diz-nos que não apenas o homem em si mesmo é imagem de Deus, não só a mulher em si mesma é imagem de Deus, mas também o homem e a mulher, como casal, são imagem de Deus. [...] Podemos dizer que sem o enriquecimento mútuo neste relacionamento – no pensamento e na ação, nos afetos e no trabalho, mas também na fé – os dois não conseguem nem sequer entender até o fundo o que significa ser homem e mulher. A cultura moderna e contemporânea abriu novos espaços, outras liberdades e renovadas profundidades para o enriquecimento da compreensão desta diferença. Mas introduziu inclusive muitas dúvidas e um grande ceticismo. [...] A remoção da diferença [...] é o problema, não a solução."[9]

---

[9] FRANCISCO. *Audiência geral*, 15 de abril de 2015.

Conflitos e tensões sociais

9. A qualidade afetiva e espiritual da vida familiar está gravemente ameaçada pela multiplicação dos conflitos, pelo empobrecimento dos recursos, pelos processos migratórios. Violentas perseguições religiosas, particularmente em relação às famílias cristãs, devastam regiões inteiras do nosso planeta, criando movimentos de êxodo e imensos contingentes de refugiados que exercem grandes pressões sobre as capacidades dos países de acolhimento. As famílias provadas deste modo são muitas vezes forçadas ao desenraizamento e levadas à beira da dissolução. A fidelidade dos cristãos à sua fé, a sua paciência e o seu apego aos países de origem são admiráveis sob todos os aspectos. Os esforços de todos os responsáveis políticos e religiosos para difundir e proteger a cultura dos direitos do homem ainda são insuficientes. Por isso, é preciso continuar a respeitar a liberdade de consciência e promover a coexistência harmoniosa entre todos os cidadãos, fundada na cidadania, na igualdade e na justiça. O peso de políticas econômicas e sociais iníquas, também nas sociedades do bem-estar, incide gravemente sobre a manutenção dos filhos, sobre o cuidado dos doentes e dos idosos. A dependência do álcool, das drogas ou do jogo de azar é por vezes expressão destas contradições sociais e do mal-estar que provoca na vida das famílias. A acumulação de riquezas nas mãos de poucos e o desvio de recursos destinados ao projeto familiar aumentam o empobrecimento das famílias em muitas regiões do mundo.

Fragilidade e força da família

10. A família, comunidade humana fundamental, na atual crise cultural e social, sofre dolorosamente por causa da sua debilitação e fragilidade. Igualmente, demonstra que pode encontrar em si mesma a coragem para fazer face à insuficiência e à carência das instituições em relação à formação da pessoa, à qualidade do vínculo social e ao cuidado dos indivíduos mais vulneráveis. Portanto, é particularmente necessário apreciar de maneira adequada a força da família para poder ir ao encontro das suas fragilidades. Esta força reside essencialmente na sua capacidade de amar e de ensinar a amar. Por mais ferida que uma família possa estar, ela pode sempre crescer a partir do amor.

Capítulo II
A FAMÍLIA E O CONTEXTO SOCIOECONÔMICO

A família: recurso insubstituível da sociedade

11. "A família é como que uma escola de valorização humana [...] e constitui o fundamento da sociedade."[10] O conjunto das relações de parentela, além do núcleo familiar restrito, oferece um apoio precioso à educação dos filhos, à transmissão dos valores, à preservação dos vínculos entre as gerações e ao enriquecimento de uma espiritualidade viva. Enquanto em algumas regiões do mundo este dado pertence profundamente à cultura social difundida, em outras partes ele parece sujeito ao desgaste. Certamente, numa época de acentuada fragmentação das situações de vida, os múltiplos níveis e as facetas das relações entre familiares e parentes muitas vezes constituem os únicos pontos de ligação com as origens e com os vínculos familiares. O apoio da rede familiar é ainda mais necessário lá onde mobilidade laboral, migrações, catástrofes e fuga da própria terra comprometem a estabilidade do núcleo parental.

---

[10] GS, n. 52.

Políticas a favor da família

12. As autoridades responsáveis pelo bem comum devem sentir-se seriamente comprometidas em relação ao bem social primário que é a família. A preocupação que deve orientar a administração da sociedade civil é a de permitir e promover políticas familiares que apoiem e encorajem as famílias, em primeiro lugar as mais desfavorecidas. É necessário reconhecer mais concretamente a ação compensatória da família no contexto dos "sistemas de *welfare*" modernos: ela redistribui recursos e desempenha tarefas indispensáveis para o bem comum, contribuindo para equilibrar de novo os efeitos negativos da desigualdade social. "A família merece uma atenção especial dos responsáveis pelo bem comum, porque é a célula básica da sociedade, que oferece sólidos vínculos de união sobre os quais se baseia a convivência humana e, com a geração e educação dos filhos, garante o futuro e a renovação da sociedade."[11]

Solidão e precariedade

13. Nos contextos culturais em que as relações são fragilizadas por estilos de vida egoístas, a solidão torna-se uma condição cada vez mais difundida. Muitas vezes só o sentido da presença de Deus ampara as pessoas em face deste vazio. A sensação geral de impotência em relação a uma realidade socioeconômica opressiva, à pobreza crescente e à precariedade do trabalho impõe com frequência sempre maior a procura de um emprego longe da família,

---

[11] FRANCISCO. *Discurso no Aeroporto de El Alto, Bolívia*, 8 de julho de 2015.

a fim de poder sustentá-la. Esta necessidade determina longas ausências e separações que debilitam as relações e isolam os membros da família uns dos outros. É responsabilidade do Estado criar as condições legais e trabalhistas para garantir o futuro dos jovens e ajudá-los a realizar o seu projeto de fundar uma família. A corrupção, que por vezes mina as instituições públicas, lesa profundamente a confiança e a esperança das novas gerações, e não só delas. As consequências negativas desta desconfiança são evidentes: da crise demográfica, às dificuldades educativas, da fadiga de aceitar a vida nascente, ao sentir a presença dos idosos como um peso, e à difusão de um mal-estar afetivo que às vezes desemboca na agressividade e na violência.

Economia e equidade

14. O condicionamento material e econômico tem uma influência sobre a vida familiar em dois sentidos: pode contribuir para o seu crescimento e facilitar o seu desabrochar, ou impedir o seu florescimento, a sua unidade e a sua coerência. As coerções econômicas excluem as famílias do acesso à educação, à vida cultural e à vida social ativa. O atual sistema econômico produz diversas formas de exclusão social. As famílias sofrem de modo particular por causa dos problemas relativos ao trabalho. Para os jovens as possibilidades são poucas e a oferta de trabalho é muito seletiva e precária. Os dias de trabalho são longos e frequentemente sobrecarregados por muitas horas gastas para o deslocamento. Isto não ajuda os familiares a reencontrar-se entre si e com os filhos, de maneira a poder alimentar diariamente as suas relações. O "crescimento em equidade" requer "decisões, programas, mecanismos e processos especificamente orientados para uma melhor distribuição das entradas"[12] e uma promoção integral dos pobres que se torne efetiva. São necessárias políticas familiares adequadas à vida familiar como condição de um futuro viável, harmonioso e digno.

Pobreza e exclusão

15. Alguns grupos sociais e religiosos encontram-se em várias partes à margem da sociedade: migrantes, ciganos, desabrigados, refugiados e perseguidos, os intocáveis segundo o sistema das castas e quantos são vítimas de doenças com estigma social. Também a Sagrada Família de Nazaré conheceu a amarga experiência da marginalização e da rejeição (cf. Lc 2,7; Mt 2,13-15). A este propósito, a palavra de Jesus sobre o juízo final é inequívoca: "Todas as vezes que fizestes isso a um destes mais pequenos, que são meus irmãos, foi a mim que o fizestes" (Mt 25,40). O sistema econômico atual produz novos tipos de exclusão social, que muitas vezes tornam os pobres invisíveis aos olhos da sociedade. A cultura dominante e os meios de comunicação social contribuem para agravar esta invisibilidade. Isto acontece porque "neste sistema o homem, a pessoa humana foi deslocada do centro e substituída por outra coisa. Porque se presta um culto idolátrico ao dinheiro.

---

[12] EG, n. 204.

Porque se globalizou a indiferença!".[13] Neste contexto, a situação das crianças desperta particular preocupação: elas são vítimas inocentes da exclusão, que as torna verdadeiros "órfãos sociais", marcando-as tragicamente para toda a vida. Não obstante as enormes dificuldades que encontram, muitas famílias pobres e marginalizadas esforçam-se por viver com dignidade a sua vida diária, confiando em Deus que não desilude nem abandona ninguém.

Ecologia e família

16. Graças ao impulso do magistério pontifício, a Igreja deseja uma profunda reconsideração da orientação do sistema mundial. Nesta perspectiva, colabora para o desenvolvimento de uma nova cultura ecológica: um pensamento, uma política, um programa educativo, um estilo de vida e uma espiritualidade. Dado que tudo está intimamente ligado, como afirma o Papa Francisco na encíclica *Laudato Si'*, é necessário aprofundar os aspectos de uma "ecologia integral" que inclua não só as dimensões ambientais, mas também humanas, sociais e econômicas, para o progresso sustentável e a preservação da criação. A família, que faz parte de maneira relevante da ecologia humana, deve ser adequadamente protegida.[14] Por meio da família pertencemos ao conjunto da criação, contribuímos de maneira específica para promover o cuidado ecológico, aprendemos o significado da corporeidade e a linguagem

---

[13] FRANCISCO. *Discurso aos participantes no encontro mundial dos movimentos populares*, 28 de outubro de 2014.
[14] Cf. JOÃO PAULO II. *Centesimus Annus*, n. 38.

amorosa da diferença homem-mulher e colaboramos no desígnio do Criador.[15] A consciência de tudo isto exige uma verdadeira conversão, que deve ser feita em família. Nela "cultivam-se os primeiros hábitos de amor e cuidado da vida, como por exemplo o uso correto das coisas, a ordem e a limpeza, o respeito pelo ecossistema local e a proteção de todas as criaturas. A família é o lugar da formação integral, onde se desenvolvem os distintos aspectos, intimamente relacionados entre si, do amadurecimento pessoal".[16]

---

[15] Cf. FRANCISCO. Carta encíclica *Laudato Si'*, n. 5; 155.
[16] Ibidem, n. 213.

Capítulo III
FAMÍLIA, INCLUSÃO E SOCIEDADE

A terceira idade

17. Uma das tarefas mais graves e urgentes da família cristã é preservar o vínculo entre as gerações para a transmissão da fé e dos valores fundamentais da vida. A maior parte das famílias respeita os idosos, circunda-os de afeto e considera-os uma bênção. Manifestamos um apreço especial às associações e aos movimentos familiares que se ocupam dos idosos, sob o aspecto espiritual e social, sobretudo em colaboração com os sacerdotes na cura das almas. Em alguns contextos, os idosos são considerados uma riqueza porque garantem a estabilidade, a continuidade e a memória das famílias e das sociedades. Nas sociedades altamente industrializadas, nas quais o seu número tende a aumentar enquanto a natalidade decresce, correm o risco de ser sentidos como um peso. Por outro lado, os cuidados que eles requerem muitas vezes põem à dura prova os seus familiares. "Os idosos são homens e mulheres, pais e mães que antes de nós percorreram o nosso próprio caminho, estiveram na nossa mesma casa, combateram a nossa mesma batalha diária por uma vida digna. São homens e mulheres dos quais recebemos muito. O idoso não é alguém distante.

O idoso somos nós: daqui a pouco, daqui a muito pouco tempo, contudo inevitavelmente, embora não pensemos nisto. E se não aprendermos a tratar bem os anciãos, também nós seremos tratados assim."[17]

18. A presença dos avós na família merece uma atenção especial. Eles constituem o elo entre as gerações e garantem um equilíbrio psicoafetivo através da transmissão de tradições e costumes, de valores e virtudes, nos quais os mais jovens podem reconhecer as próprias raízes. Além disso, os avós colaboram com frequência com os seus filhos nas questões econômicas, educativas e na transmissão da fé aos netos. Muitas pessoas podem constatar que devem precisamente aos avós a sua iniciação na vida cristã. Como diz o livro do Eclesiástico: "Não desprezes a fala de velhos sábios e sejam-te familiares os seus provérbios" (Eclo 8,9). Fazemos votos de que na família, com o passar das gerações, a fé seja comunicada e preservada como herança preciosa para os novos núcleos familiares.

A viuvez

19. A viuvez é uma experiência particularmente difícil para quem viveu a escolha matrimonial e a vida familiar como dom. Contudo, ao olhar da fé ela apresenta diversas possibilidades que devem ser valorizadas. No momento em que vivem esta experiência, alguns mostram que sabem canalizar as próprias energias com dedicação ainda maior para os filhos e para os netos, encontrando

---

[17] FRANCISCO. *Audiência geral*, 4 de março de 2015.

nesta expressão de amor uma nova missão educativa. O vazio deixado pelo cônjuge falecido, num certo sentido, é preenchido pelo afeto dos familiares que valorizam as pessoas viúvas, permitindo que elas conservem deste modo a memória preciosa do próprio matrimônio. Aqueles que não podem contar com a presença de familiares aos quais dedicar-se e dos quais receber afeto e proximidade devem ser apoiados pela comunidade cristã com especial atenção e disponibilidade, sobretudo se se encontram em condições de indigência. As pessoas viúvas podem celebrar uma nova união sacramental, sem diminuir o valor do matrimônio anterior (cf. 1Cor 7,39). No início e no desenvolvimento da sua história, a Igreja manifestou uma atenção especial em relação às viúvas (cf. 1Tm 5,3-16), chegando até a instituir a *ordo viduarum*, que hoje poderia ser restabelecida.

A última fase da vida e o luto em família

20. A doença, a infelicidade ou a velhice que levam à morte repercutem sobre toda a vida familiar. A experiência do luto torna-se particularmente dilacerante quando a perda se refere aos mais pequeninos e aos jovens. Esta dolorosa experiência exige uma especial atenção pastoral também através da participação da comunidade cristã. A valorização da fase conclusiva da vida é hoje tanto mais necessária quanto mais se procura remover de qualquer forma o momento da morte. Por vezes, a fragilidade e a dependência do ancião são exploradas iniquamente por mera vantagem econômica. Numerosas famílias nos ensinam que é possível enfrentar as últimas etapas da vida valorizando o sentido

do cumprimento e da integração de toda a existência no mistério pascal. Um grande número de idosos é acolhido em estruturas eclesiais, nas quais podem viver num ambiente sereno e familiar nos planos material e espiritual. A eutanásia e o suicídio assistido são graves ameaças contra as famílias no mundo inteiro. A sua prática é legal em muitos países. Enquanto contrasta firmemente esta prática, a Igreja sente o dever de ajudar as famílias que se ocupam dos seus membros idosos e doentes, e de promover de todas as formas a dignidade e o valor da pessoa até o fim natural da vida.

Pessoas com necessidades especiais

21. É preciso dirigir um olhar especial às famílias das pessoas com deficiência, pois quando esta irrompe na sua vida gera um desafio, profundo e inesperado, e transtorna os equilíbrios, os desejos, as expectativas. Isto determina emoções contrastantes e decisões difíceis de conduzir e elaborar, enquanto impõe tarefas, urgências e novas responsabilidades. A imagem familiar e todo o seu ciclo vital são profundamente abalados. Merecem grande admiração as famílias que enfrentam com amor a difícil prova de um filho com deficiência. Elas dão à Igreja e à sociedade um precioso testemunho de fidelidade ao dom da vida. A família poderá descobrir, juntamente com a comunidade cristã, novos gestos e linguagens, formas de compreensão e de identidade, no caminho de acolhimento e de cuidado do mistério da fragilidade. As pessoas com deficiência constituem para a família um dom e uma oportunidade para crescer no amor, na ajuda recíproca e na unidade. A

Igreja, família de Deus, deseja ser casa acolhedora para as famílias com pessoas portadoras de deficiência.[18] Ela colabora para apoiar a sua relação e educação familiar, oferecendo caminhos de participação na vida litúrgica da comunidade. Para diversos portadores de deficiência abandonados ou que ficaram sozinhos, as instituições eclesiais de acolhimento muitas vezes são a única família. A elas o Sínodo expressa profunda gratidão e apreço. Este processo de integração torna-se mais difícil naquelas sociedades em que perduram o estigma e o preconceito – até teorizado em chave eugênica. Em contrapartida, muitas famílias, comunidades e movimentos eclesiais descobrem e celebram os dons de Deus nas pessoas com necessidades especiais, particularmente a sua singular capacidade de comunicação e de agregação. Deve-se dedicar especial atenção às pessoas com necessidades especiais que sobrevivem junto dos seus pais e da família mais ampla que os apoiou ao longo da vida. A morte daqueles pelos quais foram amados e que eles amaram torna-os particularmente vulneráveis. A família que aceita com o olhar da fé a presença de pessoas com deficiência poderá reconhecer e garantir a qualidade e o valor de cada vida, com as suas necessidades, os seus direitos e as suas oportunidades. Ela solicitará serviços e cuidados, e promoverá companhia e afeto, em cada fase da vida.

---

[18] Cf. JOÃO PAULO II. *Homilia por ocasião do Jubileu das Comunidades com Portadores de Deficiência*, 3 de dezembro de 2000.

As pessoas não casadas

22. Muitas pessoas que vivem sem se casar não só se dedicam à sua família de origem, mas muitas vezes prestam grandes serviços no seu círculo de amigos, na comunidade eclesial e na vida profissional. Todavia, a sua presença e contribuição muitas vezes são descuidadas, e isto causa-lhes um certo sentido de isolamento. Entre elas, muitas vezes, podem-se encontrar nobres motivações que as comprometem totalmente na arte, na ciência e para o bem da humanidade. Depois, muitas põem os seus talentos a serviço da comunidade cristã, como sinal da caridade e do voluntariado. Além disso, há pessoas que não se casam porque consagram a vida por amor a Cristo e aos irmãos. Na Igreja e na sociedade, a família é deveras enriquecida pela sua dedicação.

Migrantes, refugiados e perseguidos

23. O efeito do fenômeno migratório sobre a família merece particular atenção pastoral. Ele atinge, com diferentes modalidades, populações inteiras, em diversas partes do mundo. Neste campo a Igreja desempenhou um papel de primeira grandeza. A necessidade de manter e desenvolver este testemunho evangélico (cf. Mt 25,35) é urgente, hoje mais do que nunca. A história da humanidade é uma história de migrantes: esta verdade está inscrita na vida dos povos e das famílias. Também a nossa fé o confirma: somos todos peregrinos. Esta convicção deve suscitar em nós compreensão, abertura e responsabilidade em face do desafio da migração, tanto da que é vivida com sofrimento como daquela que é considerada uma oportunidade de vida. A mobilidade humana, que corresponde ao natural movimento histórico dos povos, pode revelar-se uma autêntica riqueza, quer para a família que emigra, quer para o país que a recebe. Diferente é a migração forçada das famílias, fruto de situações de guerra, de perseguição, de pobreza e de injustiça, marcada pelas peripécias de uma viagem que com frequência põe em perigo a vida, traumatiza as pessoas e desestabiliza as famílias. O acompanhamento dos migrantes exige uma pastoral específica destinada às famílias em migração, mas também aos membros dos núcleos familiares que permaneceram nos lugares de origem. Isto deve ser praticado no respeito das suas culturas, da formação religiosa e humana de que provêm, da riqueza espiritual dos seus ritos e tradições, também mediante um cuidado pastoral específico. "É importante olhar para os imigrantes não somente com base na sua condição de regularidade ou irregularidade, mas sobretudo como pessoas que, tuteladas na sua dignidade, podem contribuir para o bem-estar e o progresso de todos, de modo particular quando assumem responsavelmente deveres com quem os acolhe, respeitando gratamente o patrimônio material e espiritual do país que os hospeda, obedecendo às suas leis e contribuindo para os seus encargos."[19] As migrações tornam-se particularmente dramáticas e devastadoras para as famílias e para os indivíduos quando têm lugar fora da legalidade e são apoiadas por redes internacionais de tráfico de seres humanos. Pode-se

---

[19] FRANCISCO. *Mensagem para o Dia mundial do migrante e do refugiado de 2016*, 12 de setembro de 2015.

dizer o mesmo quando se referem a mulheres ou crianças desacompanhadas, obrigadas a permanências prolongadas nos lugares de passagem, nos campos de refugiados, onde é impossível dar início a um percurso de integração. Por vezes, a pobreza extrema e outras situações de desagregação induzem as famílias até a vender os próprios filhos para a prostituição ou para o tráfico de órgãos.

24. O encontro com um novo país e uma nova cultura torna-se muito mais difícil quando não existem condições de autêntico acolhimento e aceitação, no respeito pelos direitos de todos e de uma convivência pacífica e solidária. Esta tarefa interpela diretamente a comunidade cristã: "É antes de tudo responsabilidade da Igreja local oferecer acolhimento, solidariedade e assistência aos refugiados. Ela é chamada a encarnar as exigências do Evangelho, indo sem distinções ao encontro destas pessoas no momento da necessidade e da solidão".[20] O sentido de desorientação, as saudades das origens perdidas e as dificuldades de integração mostram hoje, em muitos contextos, que não estão superados e manifestam-se novos sofrimentos também na segunda e na terceira geração de famílias de migrantes, alimentando fenômenos de fundamentalismo e de rejeição violenta por parte da cultura que hospeda. Revela-se como um recurso precioso para a superação destas dificuldades precisamente o encontro entre famílias, e muitas vezes as mulheres desempenham um papel-chave nos proces-

---

[20] PONTIFÍCIO CONSELHO *COR UNUM* E PONTIFÍCIO CONSELHO PARA A PASTORAL DOS MIGRANTES E ITINERANTES. *Os refugiados: um desafio à solidariedade*, n. 26.

sos de integração, através da partilha da experiência de crescimento dos próprios filhos. Com efeito, também na sua situação de precariedade elas dão testemunho de uma cultura de amor familiar que encoraja as outras famílias a acolher e preservar a vida, praticando a solidariedade. As mulheres podem transmitir às novas gerações a fé viva em Cristo, que as amparou na experiência difícil da migração e por ela foi fortalecida. As perseguições dos cristãos, assim como das minorias étnicas e religiosas, em diversas partes do mundo, sobretudo no Oriente Médio, representam uma grande provação: não só para a Igreja, mas também para toda a comunidade internacional. Todos os esforços devem ser apoiados para favorecer a permanência de famílias e comunidades cristãs nas suas terras de origem. Bento XVI afirmou: "Um Oriente Médio sem ou com poucos cristãos já não é o Oriente Médio, visto que os cristãos fazem parte com os outros crentes da identidade muito particular da região".[21]

Alguns desafios peculiares

25. Em certas sociedades ainda vigora a prática da poligamia; noutros contextos permanece a prática dos matrimônios arranjados. Nos países em que a presença da Igreja Católica é minoritária são numerosos os matrimônios mistos e com disparidade de culto, com todas as dificuldades a que isto leva em relação à configuração jurídica, ao Batismo, à educação dos filhos e ao respeito recíproco sob

---

[21] BENTO XVI. Exortação Apostólica *Ecclesia in Medio Oriente*, n. 31.

o ponto de vista da diversidade da fé. Nestes matrimônios pode existir o perigo do relativismo ou da indiferença, mas também pode haver a possibilidade de favorecer o espírito ecumênico e o diálogo inter-religioso, numa convivência harmoniosa de comunidades que vivem no mesmo lugar. Em muitos contextos, e não só ocidentais, vai-se difundindo amplamente a prática da convivência que precede o matrimônio, ou também de convivências não orientadas para assumir a forma de um vínculo institucional. A isto acrescenta-se muitas vezes uma legislação civil que prejudica o matrimônio e a família. Por causa da secularização, em muitas partes do mundo a referência a Deus diminuiu em grande medida e a fé já não é compartilhada socialmente.

As crianças

26. As crianças são uma bênção de Deus (cf. Gn 4,1). Elas devem ocupar o primeiro lugar na vida familiar e social, e constituir uma prioridade na ação pastoral da Igreja. "Com efeito, pode-se julgar a sociedade pelo modo como as crianças são tratadas, e não só moral, mas também sociologicamente, se é uma sociedade livre ou escrava de interesses internacionais. [...] As crianças recordam-nos [...] que somos sempre filhos [...] E isto recorda-nos sempre que a vida não no-la damos sozinhos, mas recebemo-la."[22] Contudo, muitas vezes as crianças tornam-se objeto de contenda entre os pais e são as verdadeiras vítimas das dilacerações familiares. Os direitos das crianças são des-

---

[22] FRANCISCO. *Audiência geral*, 18 de março de 2015.

cuidados de muitas maneiras. Em algumas áreas do mundo elas são consideradas uma verdadeira mercadoria, tratadas como trabalhadores de baixo preço, usadas para promover a guerra, objeto de todos os tipos de violência física e psicológica. Crianças migrantes são expostas a várias formas de sofrimento. Depois, a exploração sexual da infância constitui uma das realidades mais escandalosas e perversas da sociedade contemporânea. Nas sociedades atravessadas pela violência por causa da guerra, do terrorismo ou da presença da criminalidade organizada, aumentam situações familiares degradadas. Nas grandes metrópoles e nas suas periferias agrava-se dramaticamente o chamado fenômeno das "crianças de rua".

A mulher

27. A mulher desempenha um papel determinante na vida da pessoa, da família e da sociedade. "Cada pessoa humana deve a vida a uma mãe, e quase sempre lhe deve muito da própria existência sucessiva, da formação humana e espiritual."[23] A mãe conserva a memória e o significado do nascimento por toda a vida: "Maria, porém, guardava todas estas coisas, meditando-as no seu coração" (Lc 2,19). Contudo, trata-se de uma realidade que a condição feminina no mundo está sujeita a grandes diferenças que derivam sobretudo de fatores socioculturais. A dignidade da mulher tem necessidade de ser defendida e promovida. Não se trata simplesmente de um problema de recursos econômicos,

---

[23] FRANCISCO. *Audiência geral*, 7 de janeiro de 2015.

mas de uma perspectiva cultural diversa, como evidencia a difícil condição das mulheres em vários países que se desenvolveram recentemente. Em numerosos contextos, ainda hoje, ser mulher suscita discriminação: o próprio dom da maternidade é penalizado em vez de ser valorizado. Por outro lado, ser estéril para uma mulher, em algumas culturas, é uma condição socialmente discriminante. Não se devem esquecer também os fenômenos crescentes de violência, da qual as mulheres são vítimas no âmbito das famílias. A exploração das mulheres e a violência exercida sobre o seu corpo muitas vezes estão unidas ao aborto e à esterilização forçada. A isto deve-se acrescentar as consequências negativas de práticas relacionadas com a procriação, como a barriga de aluguel ou o mercado dos gametas e dos embriões. A emancipação feminina exige uma nova consideração das tarefas dos cônjuges na sua reciprocidade e na sua responsabilidade comum em relação à vida familiar. O desejo do filho a qualquer preço não levou a relações familiares mais felizes e sólidas, mas em muitos casos agravou efetivamente a desigualdade entre mulheres e homens. Uma maior valorização da responsabilidade das mulheres na Igreja pode contribuir para o reconhecimento social do seu papel determinante: a sua intervenção nos processos decisórios, a sua participação no governo de algumas instituições, o seu envolvimento na formação dos ministros ordenados.

O homem

28. Ao homem cabe um papel igualmente decisivo na vida da família, com particular referência à proteção e ao sustento da esposa e dos filhos. Modelo desta figura é São José, homem justo que, na hora do perigo, "levantou-se, de noite, com o menino e a mãe, e retirou-se para o Egito" (Mt 2,14), salvando-os. Muitos homens têm consciência da importância do seu papel na família e vivem-no com as qualidades peculiares da índole masculina. A ausência do pai marca gravemente a vida familiar, a educação dos filhos e a sua inserção na sociedade. A sua ausência pode ser física, afetiva, cognitiva e espiritual. Esta carência priva os filhos de um modelo adequado de comportamento paterno. O aumento da atividade de trabalho da mulher fora de casa não encontrou uma compensação adequada num maior compromisso do homem no âmbito doméstico. No contexto atual debilitou-se a sensibilidade do homem em relação à tarefa de proteção da esposa e dos filhos contra todas as formas de violência e de desânimo. "O marido – diz Paulo – deve amar a esposa 'como ama seu próprio corpo' (Ef 5,28); amá-la como 'Cristo também amou a Igreja e se entregou por ela' (v. 25). Mas vós, maridos, [...] compreendeis isto? Amar a vossa esposa como Cristo ama a Igreja? [...] O efeito deste radicalismo da dedicação exigida do homem, para o amor e a dignidade da mulher, segundo o exemplo de Cristo, deve ter sido enorme, na própria comunidade cristã! Esta semente da novidade evangélica, que restabelece a reciprocidade originária da dedicação e do respeito, amadureceu lentamente na história, mas no fim prevalece."[24]

Os jovens

29. Muitos jovens continuam a considerar o matrimônio como o grande anseio da sua vida e o projeto de uma família própria como a realização das suas aspirações. Contudo, concretamente, eles assumem atitudes diversas em face do matrimônio. Com frequência são induzidos a adiar as núpcias devido a problemas de tipo econômico, de trabalho ou de estudo. Por vezes também por outros motivos, como a influência das ideologias que desvalorizam o matrimônio e a família, a experiência do fracasso de outros casais que constituem um risco que eles não querem correr, o receio em relação a algo que consideram demasiado grande e sagrado, as oportunidades sociais e as vantagens econômicas que derivam da convivência, um conceito meramente emotivo e romântico do amor, o medo de perder a liberdade e a autonomia, a rejeição de algo concebido como institucional e burocrático. A Igreja olha com apreensão para o desinteresse de tantos jovens em relação ao matrimônio, e sofre pela rapidez com que muitos fiéis decidem pôr fim ao compromisso conjugal para começar outro. Os jovens batizados devem ser encorajados a não hesitar diante da riqueza que o sacramento do Matrimônio confere aos seus projetos de amor, fortalecidos pelo apoio que recebem da graça de Cristo e pela possibilidade de participar ple-

---

[24] FRANCISCO. *Audiência geral*, 6 de maio de 2015.

namente na vida da Igreja. Por conseguinte, é necessário discernir mais atentamente as profundas motivações da renúncia e do desencorajamento. Os jovens podem adquirir mais confiança em relação à opção matrimonial graças àquelas famílias que, na comunidade cristã, lhes oferecem o exemplo fiável de um testemunho duradouro no tempo.

Capítulo IV
FAMÍLIA, AFETIVIDADE E VIDA

A relevância da vida afetiva

30. "Quem quer dar amor, deve ele mesmo recebê-lo em dom. Certamente, o homem pode – como nos diz o Senhor – tornar-se uma fonte de onde correm rios de água viva (cf. Jo 7,37-38); mas, para se tornar semelhante fonte, deve ele mesmo beber incessantemente da fonte primeira e originária que é Jesus Cristo, de cujo coração traspassado brota o amor de Deus (cf. Jo 19,34)."[25] A necessidade de cuidar da própria pessoa, de se conhecer interiormente, de viver melhor em sintonia com as próprias emoções e sentimentos, de procurar relações afetivas de qualidade, deve abrir-se ao dom do amor ao próximo e ao desejo de construir reciprocidades criativas, responsabilizadoras e solidárias, como as familiares. Para a Igreja o desafio consiste em ajudar os casais a amadurecer na dimensão emocional e no desenvolvimento afetivo através da promoção do diálogo, da virtude e da confiança no amor misericordioso de Deus. O compromisso de dedicação total, exigido no matrimônio cristão, é um forte antídoto contra a tentação de uma existência individual fechada em si mesma.

---

[25] BENTO XVI. Carta Encíclica *Deus Caritas Est*, n. 7.

A formação para o dom de si

31. O estilo das relações familiares incide de modo primário sobre a formação afetiva das jovens gerações. A velocidade com que ocorrem as mudanças na sociedade contemporânea torna mais difícil o acompanhamento da pessoa na formação da afetividade para o seu amadurecimento. Ele exige também uma ação pastoral apropriada, rica de conhecimento aprofundado da Escritura e da doutrina católica, e dotada de instrumentos educativos adequados. Um conhecimento oportuno da psicologia da família servirá de ajuda para que a visão cristã seja transmitida de maneira eficaz: este esforço educativo seja iniciado já com a catequese da iniciação cristã. Esta formação terá o cuidado de fazer com que a virtude da castidade seja apreciada e entendida como integração dos afetos, que favorece o dom de si.

Fragilidade e imaturidade

32. No mundo atual não faltam tendências culturais que têm por objetivo impor uma sexualidade sem limites da qual se pretendem explorar todas as vertentes, até as mais complexas. A questão da fragilidade afetiva é de grande atualidade: uma afetividade narcisista, instável e mutável não ajuda a pessoa a alcançar maior maturidade. Devem ser denunciados com firmeza: a grande difusão da pornografia e da comercialização do corpo, favorecida também por um uso deturpado da internet; o constrangimento à prostituição e a sua exploração. Neste contexto, os casais sentem-se por vezes inseguros, indecisos e têm dificuldade de encontrar maneiras para crescer. São muitos os que tendem

a permanecer nos primeiros estágios da vida emocional e sexual. A crise do casal desestabiliza a família e, através das separações e dos divórcios, pode chegar a causar sérias consequências aos adultos, aos filhos e à sociedade, enfraquecendo o indivíduo e os vínculos sociais. A diminuição demográfica, devida a uma mentalidade antinatalista e promovida pelas políticas mundiais de "saúde reprodutiva", ameaça o vínculo entre as gerações. Daqui derivam também um empobrecimento econômico e uma generalizada perda de esperança.

Técnica e procriação humana

33. A revolução biotecnológica no campo da procriação humana introduziu a possibilidade de manipular o ato gerativo, tornando-o independente da relação sexual entre homem e mulher. Deste modo, a vida humana e a paternidade e maternidade tornaram-se realidades componíveis e decomponíveis, predominantemente sujeitas aos desejos de indivíduos ou de casais, não necessariamente heterossexuais nem casados. Este fenômeno apresentou-se nos últimos tempos como uma novidade absoluta no cenário da humanidade, e continua a se propagar em intensidade cada vez maior. Tudo isto tem profundas repercussões na dinâmica das relações, na estrutura da vida social e nos ordenamentos jurídicos, que intervêm para procurar regulamentar práticas já existentes e situações diferenciadas. Neste contexto, a Igreja sente a necessidade de dizer uma palavra de verdade e de esperança. É preciso partir da convicção de que o homem vem de Deus e vive constantemente na sua presença: "A

vida humana é sagrada porque, desde o seu início, comporta 'a ação criadora de Deus' e permanece para sempre numa relação especial com o Criador, seu único fim. Só Deus é o Senhor da vida desde a sua concepção até o seu fim: ninguém, em circunstância alguma, pode reivindicar para si o direito de destruir diretamente um ser humano inocente".[26]

O desafio para a pastoral

34. Uma reflexão capaz de voltar a propor as principais questões acerca do significado de ser homem encontra um terreno fértil nas expectativas mais profundas da humanidade. Os grandes valores do matrimônio e da família cristã correspondem à busca que a existência humana atravessa também num tempo marcado pelo individualismo e pelo hedonismo. É preciso acolher as pessoas com compreensão e sensibilidade na sua existência concreta, sabendo apoiar a sua busca de sentido. A fé encoraja o desejo de Deus e a vontade de se sentir plenamente parte da Igreja também em quem experimentou a falência ou se encontra em situações muito difíceis. A mensagem cristã tem sempre em si a realidade e a dinâmica da misericórdia e da verdade, que convergem em Cristo: "A primeira verdade da Igreja é o amor de Cristo. E, deste amor que vai até o perdão e o dom de si mesmo, a Igreja faz-se serva e mediadora junto dos homens. Por isso, onde a Igreja estiver presente, aí deve ser

---

[26] CONGREGAÇÃO PARA A DOUTRINA DA FÉ. Instrução *Donum Vitae*, Introdução, n. 5; cf. JOÃO PAULO II. Carta Encíclica *Evangelium Vitae*, n. 53.

evidente a misericórdia do Pai".[27] Na formação para a vida conjugal e familiar, o cuidado pastoral levará em consideração a pluralidade das situações concretas. Se, por um lado, é preciso promover itinerários que garantam a formação dos jovens para o matrimônio, por outro é preciso acompanhar a quantos vivem sozinhos ou sem constituir um novo núcleo familiar, permanecendo com frequência ligados à família de origem. Também os casais que não podem ter filhos devem ser objeto de uma particular atenção pastoral por parte da Igreja, que os ajudará a descobrir o desígnio de Deus sobre a sua situação, ao serviço da comunidade inteira. Todos precisam de um olhar de compreensão, tendo em consideração que as situações de afastamento da vida eclesial nem sempre são desejadas, com frequência são induzidas e muitas vezes até sofridas. Na ótica da fé, não há excluídos: todos são amados por Deus e considerados pela ação pastoral da Igreja.

---

[27] FRANCISCO. *Misericordiae Vultus*, Bula de Proclamação do Jubileu Extraordinário da Misericórdia, n. 12.

II Parte
A FAMÍLIA NO PLANO DE DEUS

35. O discernimento da vocação da família, na multiplicidade das situações que pudemos encontrar na primeira parte, tem necessidade de uma orientação segura para o caminho e para o acompanhamento. Esta bússola é a Palavra de Deus na história, que culmina em Jesus Cristo "Caminho, Verdade e Vida" para cada homem e mulher que constituem uma família. Por isso, pomo-nos à escuta daquilo que a Igreja ensina sobre a família, à luz da Sagrada Escritura e da Tradição. Estamos convictos de que esta Palavra corresponde às mais profundas expectativas humanas de amor, verdade e misericórdia, despertando potencialidades de dom e de acolhimento inclusive nos corações feridos e humilhados. Nesta luz, nós acreditamos que o Evangelho da família começa com a criação do homem à imagem de Deus, que é amor e chama o homem e a mulher ao amor, segundo a sua semelhança (cf. Gn 1,26-27). A vocação do casal e da família à comunhão de amor e de vida perdura em todas as etapas do desígnio de Deus, não obstante os limites e os pecados dos homens. Esta vocação está fundamentada desde o princípio em Cristo redentor (cf. Ef 1,3-7). Ele restaura e aperfeiçoa a aliança matrimonial das origens (cf. Mc 10,6) e cura o coração humano (cf. Jo 4,10), conferindo-lhe a capacidade de amar como ele ama a Igreja, oferecendo-se por ela (cf. Ef 5,32).

36. Esta vocação recebe a sua forma eclesial e missionária do vínculo sacramental, que consagra o relacionamento conjugal indissolúvel entre os esposos. O intercâmbio do consenso, que a institui, significa para os esposos o compromisso de doação e acolhimento recíprocos, totais e definitivos, em "uma só carne" (Gn 2,24). A graça do Espírito Santo faz da união dos esposos um sinal vivo do vínculo de Cristo com a Igreja. Assim, a sua união torna-se, durante a vida toda, uma fonte de graças múltiplas: de fecundidade e de testemunho, de cura e de perdão. O matrimônio se realiza na comunidade de vida e de amor, e a família faz-se evangelizadora. Tornando-se seus discípulos, os esposos são acompanhados por Jesus no caminho de Emaús, reconhecem-no ao partir o pão e voltam para Jerusalém à luz da sua ressurreição (cf. Lc 24,13-43). A Igreja anuncia à família o seu vínculo com Jesus, em virtude da encarnação pela qual ele faz parte da Sagrada Família de Nazaré. A fé reconhece no vínculo indissolúvel dos esposos um reflexo do amor da Trindade divina, que se revela na unidade de verdade e misericórdia proclamada por Jesus. O Sínodo torna-se intérprete do testemunho da Igreja, que dirige ao povo de Deus uma palavra sobre a verdade da família segundo o Evangelho. Nenhuma distância impede que a família seja alcançada por esta misericórdia e sustentada por esta verdade.

Capítulo I
A FAMÍLIA NA HISTÓRIA DA SALVAÇÃO

A pedagogia divina

37. Dado que a ordem da criação é determinada pela orientação para Cristo, é necessário distinguir sem separar os vários graus através dos quais Deus comunica a graça da aliança à humanidade. Em virtude da pedagogia divina, segundo a qual o desígnio da criação se cumpre no desígnio da redenção ao longo de etapas sucessivas, é preciso compreender a novidade do sacramento nupcial, em continuidade com o matrimônio natural das origens, fundamentado na ordem da criação. É nesta perspectiva que deve ser entendido o modo do agir salvífico de Deus, também na vida cristã. Uma vez que tudo foi feito por meio de Cristo, em vista dele (cf. Cl 1,16), os cristãos "façam chegar à luz, com alegria e respeito, as sementes do Verbo neles adormecidas; mas atendam, ao mesmo tempo, à transformação profunda que se realiza entre os povos".[28] A incorporação do crente na Igreja mediante o Batismo cumpre-se plenamente com os outros sacramentos da iniciação cristã. Na igreja doméstica, que é a sua família, ele empreende o "processo dinâmico,

---

[28] CONCÍLIO VATICANO II. Decreto *Ad Gentes*, n. 11.

que avança gradualmente com a progressiva integração dos dons de Deus",[29] através da conversão contínua ao amor que salva do pecado e confere plenitude de vida. Nos desafios contemporâneos da sociedade e da cultura, a fé dirige o olhar para Jesus Cristo na contemplação e na adoração da sua face. Ele olhou com amor e ternura para as mulheres e para os homens que encontrou, acompanhando os seus passos com verdade, paciência e misericórdia, anunciando as exigências do Reino de Deus. "Todas as vezes que voltamos à fonte da experiência cristã, abrem-se caminhos novos e possibilidades inimagináveis."[30]

O ícone da Trindade na família

38. A Escritura e a Tradição abrem-nos o acesso a um conhecimento da Trindade que se revela com traços familiares. A família é imagem de Deus, que "no seu mistério mais íntimo não é solidão, mas uma família, dado que tem em si mesmo paternidade, filiação e a essência da família, que é o amor".[31] Deus é comunhão de pessoas. No Batismo, a voz do Pai designa Jesus como seu amado Filho, e é neste amor que se nos permite reconhecer o Espírito Santo (cf. Mc 1,10-11). Jesus, que reconciliou tudo em si, redimindo o homem do pecado, não só restituiu o matrimônio e a família à sua forma original, mas também elevou o matrimônio como

---

[29] JOÃO PAULO II. Exortação Apostólica *Familiaris Consortio*, n. 9.
[30] FRANCISCO. *Discurso por ocasião da Vigília de oração em preparação para o Sínodo sobre a família*, 4 de outubro de 2014.
[31] JOÃO PAULO II. *Homilia durante a Santa Missa no Seminário Maior Palafoxiano em Puebla de Los Angeles*, 28 de janeiro de 1979.

sinal sacramental do seu amor pela Igreja (cf. Mt 19,1-12; Mc10,1-12; Ef 5,21-32). Na família humana, reunida por Cristo, é restituída a "imagem e semelhança" da Santíssima Trindade (cf. Gn 1,26), mistério do qual brota todo o amor verdadeiro. De Cristo, através da Igreja, o matrimônio e a família recebem a graça do Espírito Santo, para testemunhar o Evangelho do amor de Deus até o cumprimento da aliança no último dia, na festa de bodas do Cordeiro (cf. Ap 19,9).[32] A aliança de amor e fidelidade, da qual vive a Sagrada Família de Nazaré, ilumina o princípio que dá forma a cada família, tornando-a capaz de enfrentar melhor as vicissitudes da vida e da história. Sobre este fundamento, cada família, não obstante a sua fragilidade, pode tornar-se uma luz na escuridão do mundo. "Aqui compreendemos o modo de viver em família. Nazaré nos recorde no que consiste a família, a comunhão de amor, a sua beleza austera e simples, a sua índole sagrada e inviolável; nos faça ver como é doce e insubstituível a educação em família, nos ensine a sua função natural na ordem social."[33]

A família na Sagrada Escritura

39. Com o seu amor fecundo e procriativo, o homem e a mulher dão continuidade à obra criadora e colaboram com o Criador para a história da salvação através da sucessão das genealogias (cf. Gn 1,28; 2,4; 9,1.7; 10; 17,2.16; 25,11; 28,3; 35,9.11; 47,27; 48,3-4). Na sua forma exemplar,

---

[32] JOÃO PAULO II. *Catequese sobre o amor humano.*
[33] PAULO VI. *Discurso proferido em Nazaré*, 5 de janeiro de 1964.

a realidade matrimonial é esboçada no livro do Gênesis, para o qual até Jesus remete na sua visão do amor nupcial. O homem sente-se incompleto porque está desprovido de uma ajuda que lhe "corresponda", que lhe "seja adequada" (cf. Gn 2,18.20), num diálogo respeitoso. Assim, a mulher é partícipe da mesma realidade do homem, representada simbolicamente pela costela, ou seja, pela mesma carne, como se proclama na exclamação de amor do homem: "Desta vez sim, é osso dos meus ossos e carne da minha carne!" (Gn 2,23). Assim, os dois tornam-se "uma só carne" (cf. Gn 2,24). Esta realidade fundante da experiência matrimonial é exaltada na fórmula da pertença recíproca, presente na profissão de amor pronunciada pela mulher no Cântico dos Cânticos. A fórmula reproduz aquela da aliança entre Deus e o seu povo (cf. Lv 26,12): "O meu amado é todo meu e eu sou dele [...] eu sou para o meu amado e meu amado é para mim" (Ct 2,16; 6,3). Além disso, no Cântico é significativo o entrelaçamento constante entre a sexualidade, o *eros* e o amor, assim como o encontro da corporeidade com a ternura, o sentimento, a paixão, a espiritualidade e a doação total. Na consciência de que pode existir a noite da ausência e do diálogo interrompido entre ele e ela (cf. Ct 3 e 5), no entanto permanece a certeza do poder do amor contra todos os obstáculos: "O amor é forte como a morte" (Ct 8,6). Para celebrar a aliança de amor entre Deus e o seu povo, a profecia bíblica recorrerá não somente ao simbolismo nupcial (cf. Is 54; Jr 2,2; Ez 16), mas também a toda a experiência familiar, como testemunha de modo particularmente intenso o profeta Oseias. A sua dramática experiência matrimonial e familiar (cf. Os 1-3) torna-se sinal da relação entre o Senhor e Israel. As infidelidades do povo não anulam o amor invencível de Deus, que o profeta descreve como um pai que guia o próprio filho "com laços de amor" (cf. Os 11,1-4).

40. Nas palavras de vida eterna que Jesus deixou aos seus discípulos, com o seu ensinamento sobre o matrimônio e a família, nós podemos reconhecer três etapas fundamentais no desígnio de Deus. No princípio havia a família das origens, quando Deus criador instituiu o matrimônio primordial entre Adão e Eva, como sólido fundamento da família. Deus não apenas criou o ser humano, varão e mulher (cf. Gn 1,27), mas também os abençoou a fim de que fossem fecundos e se multiplicassem (cf. Gn 1,28). "Por isso deixará o homem o pai e a mãe e se unirá à sua mulher, e eles serão uma só carne" (Gn 2,24). Além disso, esta união ferida pelo pecado, na forma histórica do matrimônio no contexto da tradição de Israel, conheceu diversas oscilações: entre a monogamia e a poligamia, entre a estabilidade e o divórcio, entre a reciprocidade e a subordinação da mulher ao homem. A concessão de Moisés a respeito da possibilidade da rejeição (cf. Dt 24,1ss.), que persistia na época de Jesus, compreende-se neste contexto. Finalmente, a reconciliação do mundo caído, com o advento do Salvador, não só volta a integrar o desígnio divino originário, mas conduz a história do povo de Deus rumo a um novo cumprimento. A indissolubilidade do matrimônio (cf. Mc 10,2-9) não deve ser entendida antes de tudo como um jugo imposto aos homens, mas sim como um dom oferecido às pessoas unidas em matrimônio.

Jesus e a família

41. O exemplo de Jesus é paradigmático para a Igreja. O Filho de Deus veio ao mundo numa família. Nos seus trinta anos de vida escondida em Nazaré – periferia social, religiosa e cultural do Império (cf. Jo 1,46) – Jesus viu em Maria e José a fidelidade vivida no amor. Ele inaugurou a sua vida pública com o sinal de Caná, realizado num banquete de núpcias (cf. Jo 2,1-11). Anunciou o Evangelho do matrimônio como plenitude da revelação que recupera o projeto originário de Deus (cf. Mt 19,4-6). Compartilhou momentos frequentes de amizade com a família de Lázaro e as suas irmãs (cf. Lc 10,38), e com a família de Pedro (cf. Mt 8,14). Ouviu o pranto dos pais pelos seus filhos, restituindo-os à vida (cf. Mc 5,41; Lc 7,14-15) e manifestando deste modo o verdadeiro significado da misericórdia, que implica o restabelecimento da aliança.[34] Isto manifesta-se claramente nos encontros com a mulher samaritana (cf. Jo 4,1-30) e com a adúltera (cf. Jo 8,1-11), nos quais a noção do pecado desperta diante do amor gratuito de Jesus. A conversão "é uma tarefa ininterrupta para toda a Igreja, que 'reúne em seu próprio seio os pecadores' e que é 'santa em si mesma e sempre necessitada de purificação, busca sem cessar a penitência e a renovação'. Este esforço de conversão não é apenas uma obra humana. É o movimento do 'coração contrito', atraído e movido pela graça, a responder ao amor misericordioso de Deus, que nos amou primeiro".[35] Deus oferece gratuitamente o seu perdão a quantos se abrem à

---

[34] Cf. JOÃO PAULO II. Carta Encíclica *Dives in Misericordia*, n. 4.
[35] Catecismo da Igreja Católica, n. 1428.

ação da sua graça. Isto acontece mediante o arrependimento, unido ao propósito de orientar a vida em conformidade com a vontade de Deus, efeito da sua misericórdia, através da qual ele nos reconcilia consigo mesmo. Deus coloca no nosso coração a capacidade de poder seguir o caminho da imitação de Cristo. A palavra e a atitude de Jesus demonstram claramente que o Reino de Deus é o horizonte em cujo âmbito se definem todas as relações (cf. Mt 6,33). Não obstante sejam fundamentais, os laços familiares "não são absolutos".[36] De modo impressionante para quantos o ouviam, Jesus relativizou as relações familiares à luz do Reino de Deus (cf. Mc 3,33-35; Lc 14,26; Mt 10,34-37; 19,29; 23,9). Esta revolução dos afetos que Jesus introduz na família humana constitui um apelo radical à fraternidade universal. Ninguém permanece excluído da nova comunidade reunida em nome de Jesus, porque todos são chamados a fazer parte da família de Deus. Jesus demonstra como a benevolência divina acompanha o caminho humano com a sua graça e transforma o coração endurecido com a sua misericórdia (cf. Ez 36,26), orientando-o para o seu cumprimento através do mistério pascal.

---

[36] Ibidem, n. 2232.

Capítulo II
A FAMÍLIA NO MAGISTÉRIO DA IGREJA

O ensinamento do Concílio Vaticano II

42. Tendo como base aquilo que recebeu de Cristo, ao longo dos séculos a Igreja desenvolveu um rico ensinamento sobre o matrimônio e a família. Uma das expressões mais elevadas deste Magistério foi proposta pelo Concílio Ecumênico Vaticano II, na Constituição Pastoral *Gaudium et Spes*, que dedica um capítulo inteiro à dignidade do matrimônio e da família.[37] Eis como ele define o matrimônio e a família: "A íntima comunidade da vida e do amor conjugal, fundada pelo Criador e dotada de leis próprias, é instituída por meio da aliança matrimonial, ou seja, pelo irrevogável consentimento pessoal. Deste modo, por meio do ato humano com o qual os cônjuges mutuamente se dão e recebem um ao outro, nasce uma instituição também em face da sociedade, confirmada pela lei divina".[38] O "verdadeiro amor entre marido e mulher"[39] implica a doação mútua de si, inclui e integra a dimensão sexual e a afetivi-

---

[37] Cf. GS, n. 47-52.
[38] Ibidem, n. 48.
[39] Ibidem, n. 49.

dade, correspondendo ao desígnio divino.[40] Isto esclarece que o matrimônio, e o amor conjugal que o anima, "se ordenam pela sua própria natureza à geração e à educação da prole".[41] Além disso, ressalta-se a radicação dos esposos em Cristo: Cristo Senhor "vem ao encontro dos esposos cristãos mediante o sacramento do matrimônio"[42] e com eles permanece (*sacramentum permanens*). Ele assume o amor humano, purifica-o, leva-o à plenitude e, com o seu Espírito, confere aos esposos a capacidade de vivê-lo, impregnando a sua vida inteira de fé, esperança e caridade. Deste modo, os esposos são como que consagrados e, mediante uma graça própria, edificam o Corpo de Cristo, constituindo uma igreja doméstica,[43] de tal forma que a Igreja, para compreender plenamente o seu mistério, olha para a família cristã, que o manifesta de modo genuíno.

Paulo VI

43. O Beato Paulo VI aprofundou a doutrina sobre o matrimônio e a família no decorrer do Concílio Vaticano II. De modo particular com a Encíclica *Humanae Vitae*, evidenciou o vínculo intrínseco entre amor conjugal e geração da vida: "O amor conjugal requer nos esposos uma consciência da sua missão de 'paternidade responsável', sobre a qual hoje tanto se insiste, e justificadamente, e que

---

[40] Cf. ibidem, n. 48-49.
[41] Ibidem, n. 50.
[42] Ibidem, n. 48.
[43] Cf. CONCÍLIO VATICANO II. Constituição Dogmática *Lumen Gentium*, n. 11.

deve também ser compreendida com exatidão. [...] O exercício responsável da paternidade implica, portanto, que os cônjuges reconheçam plenamente os próprios deveres para com Deus, para consigo mesmos, para com a família e para com a sociedade, numa justa hierarquia de valores".[44] Na Exortação Apostólica *Evangelii Nuntiandi*, Paulo VI pôs em evidência a relação entre a família e a Igreja: "No conjunto daquilo que é o apostolado evangelizador dos leigos, não se pode deixar de pôr em realce a ação evangelizadora da família. Nos diversos momentos da história da Igreja, ela bem mereceu a bela designação sancionada pelo Concílio Ecumênico Vaticano II: 'igreja doméstica'. Isso quer dizer que, em cada família cristã, deveriam encontrar-se os diversos aspectos da Igreja inteira. Por outras palavras, a família, como a Igreja, tem por dever ser um espaço onde o Evangelho é transmitido e onde o Evangelho se irradia".[45]

João Paulo II

44. São João Paulo II dedicou à família uma atenção especial através das suas catequeses sobre o amor humano e sobre a teologia do corpo. Nelas, ele ofereceu à Igreja uma riqueza de reflexões sobre o significado esponsal do corpo humano e sobre o projeto de Deus a propósito do matrimônio e da família, desde os primórdios da criação. Em particular, abordando a caridade conjugal, descreveu o modo como os cônjuges, no seu amor recíproco, recebem

---

[44] PAULO VI. Carta Encíclica *Humanae Vitae*, n. 10.
[45] EN, n. 71.

o dom do Espírito de Cristo e vivem a sua vocação para a santidade. Com a Carta às famílias, *Gratissimam Sane,* e acima de tudo com a Exortação Apostólica *Familiaris Consortio,* João Paulo II indicou a família como "caminho da Igreja" e ofereceu uma visão de conjunto sobre a vocação ao amor, do homem e da mulher, propondo as linhas fundamentais para a pastoral da família e para a presença da família na sociedade. "No matrimônio e na família constitui-se um complexo de relações interpessoais – vida conjugal, paternidade-maternidade, filiação, fraternidade – mediante as quais cada pessoa humana é introduzida na 'família humana' e na 'família de Deus', que é a Igreja."[46]

Bento XVI

45. Na Encíclica *Deus Caritas Est,* Bento XVI retomou o tema da verdade do amor entre o homem e a mulher, que só se ilumina plenamente à luz do amor de Cristo crucificado.[47] Ele reitera que "o matrimônio baseado num amor exclusivo e definitivo se torna o ícone do relacionamento de Deus com o seu povo e, vice-versa, o modo de Deus amar torna-se a medida do amor humano".[48] Além disso, na Encíclica *Caritas in Veritate,* ele evidencia a importância do amor familiar como princípio de vida na sociedade, lugar onde se aprende a experiência do bem comum. "Deste modo, torna-se uma necessidade social, e mesmo econômi-

---

[46] FC, n. 15.
[47] Cf. DCE, n. 2.
[48] Ibidem, n. 11.

ca, continuar a propor às novas gerações a beleza da família e do matrimônio, a correspondência de tais instituições às exigências mais profundas do coração e da dignidade da pessoa. Nesta perspectiva, os Estados são chamados a instaurar políticas que promovam a centralidade e a integridade da família, fundada no matrimônio entre um homem e uma mulher, célula primeira e vital da sociedade, preocupando-se também com os seus problemas econômicos e fiscais, no respeito da sua natureza relacional."[49]

Francisco

46. Na Encíclica *Lumen Fidei*, o Papa Francisco aborda deste modo o vínculo entre a família e a fé: "O primeiro âmbito da cidade dos homens iluminado pela fé é a família; penso, antes de mais nada, na união estável do homem e da mulher no matrimônio. [...] Prometer um amor que dure para sempre é possível quando se descobre um desígnio maior que os próprios projetos".[50] Na Exortação Apostólica *Evangelii Gaudium*, o Papa evoca a centralidade da família no meio dos desafios culturais dos dias de hoje: "A família atravessa uma crise cultural profunda, como todas as comunidades e vínculos sociais. No caso da família, a fragilidade dos vínculos reveste-se de especial gravidade, porque se trata da célula básica da sociedade, o espaço onde se aprende a conviver na diferença e a pertencer aos outros e onde os pais transmitem a fé aos seus filhos. O matrimônio

---

[49] CV, n. 44.
[50] LF, n. 52.

tende a ser visto como mera forma de gratificação afetiva, que se pode constituir de qualquer maneira e modificar-se de acordo com a sensibilidade de cada um. Mas a contribuição indispensável do matrimônio para a sociedade supera o nível da afetividade e das necessidades ocasionais do casal".[51] Além disso, o Papa Francisco dedicou aos temas relativos à família um ciclo de catequeses, que analisam de forma mais aprofundada os seus protagonistas, as suas experiências e as fases da sua vida.

---

[51] EG, n. 66.

Capítulo III
A FAMÍLIA NA DOUTRINA CRISTÃ

Matrimônio na ordem da criação e plenitude sacramental

47. A ordem da redenção ilumina e completa a ordem da criação. Assim, o matrimônio natural só se compreende à luz do seu cumprimento sacramental: somente fixando o olhar em Cristo conhecemos até o fundo a verdade sobre os relacionamentos humanos. "Na realidade, o mistério do homem só se esclarece verdadeiramente no mistério do Verbo encarnado. [...] Cristo, novo Adão, na própria revelação do mistério do Pai e do seu amor, revela plenamente o homem a si mesmo e descobre-lhe a sua vocação sublime".[52] É particularmente oportuno compreender em chave cristocêntrica as propriedades naturais do matrimônio, que constituem o bem dos cônjuges (*bonum coniugum*), o qual inclui unidade, abertura à vida, fidelidade e indissolubilidade. À luz do Novo Testamento, segundo o qual tudo é criado por meio de Cristo e em vista dele (cf. Cl 1,16; Jo 1,1ss.), o Concílio Vaticano II quis manifestar apreço pelo matrimônio natural e pelos elementos positivos presentes

---

[52] GS, n. 22.

nas demais religiões[53] e nas diferentes culturas, não obstante os limites e as insuficiências.[54] O discernimento da presença dos *semina Verbi* nas outras culturas[55] pode ser aplicado inclusive à realidade matrimonial e familiar. Além do verdadeiro matrimônio natural, existem elementos positivos presentes nas formas matrimoniais de outras tradições religiosas. Nós consideramos que estas formas – contudo fundamentadas no relacionamento estável e autêntico entre um homem e uma mulher – estão ordenadas ao sacramento. Com o olhar voltado para a sabedoria humana dos povos, a Igreja reconhece também esta família como célula básica necessária e fecunda da convivência humana.

Indissolubilidade e fecundidade da união esponsal

48. A fidelidade irrevogável de Deus à aliança é o fundamento da indissolubilidade do matrimônio. O amor completo e profundo entre os cônjuges não está embasado unicamente nas capacidades humanas: Deus sustenta aquela aliança com a força do seu Espírito. A opção que Deus fez em relação a nós reflete-se de certo modo na escolha do cônjuge: assim como Deus mantém a sua promessa mesmo quando nós falhamos, também o amor e a fidelidade conjugal são válidos "na boa e na má sorte". O matrimônio é dom e promessa de Deus, que ouve a oração daqueles que

---

[53] Cf. LG, n. 16; CONCÍLIO VATICANO II. Decreto *Nostra Aetate*, n. 2.
[54] Cf. JOÃO PAULO II. Carta Encíclica *Redemptoris Mater*, n. 55.
[55] Cf. AG, n. 11.

pedem a sua ajuda. A dureza de coração do homem, os seus limites e a sua fragilidade diante da tentação constituem um grande desafio para a vida comum. O testemunho de casais que vivem fielmente o matrimônio põe em evidência o valor desta união indissolúvel e suscita o desejo de renovar continuamente o compromisso da fidelidade. A indissolubilidade corresponde ao profundo desejo de amor recíproco e duradouro que o Criador inscreveu no coração humano, e é um dom que ele mesmo concede a cada casal: "O que Deus uniu, o homem não separe" (Mt 19,6; cf. Mc 10,9). O homem e a mulher recebem este dom e cuidam dele a fim de que o seu amor possa ser para sempre. Diante da sensibilidade do nosso tempo e das dificuldades efetivas de assumir os compromissos para sempre, a Igreja é chamada a propor as exigências e o projeto de vida do Evangelho da família e do matrimônio cristão. "Falando sobre a nova vida em Cristo, São Paulo afirma que os cristãos – todos – são chamados a amar-se como Cristo os amou, ou seja, 'sede submissos uns aos outros' (Ef 5,21), que significa pôr-se a serviço uns dos outros. E aqui ele introduz a analogia entre o casal marido-esposa e Cristo-Igreja. É claro que se trata de uma analogia imperfeita, mas devemos entender o seu sentido espiritual, que é deveras sublime e revolucionário, e ao mesmo tempo simples, ao alcance de cada homem e mulher que confia na graça de Deus."[56] Mais uma vez, trata-se de um anúncio que confere esperança!

---

[56] FRANCISCO. *Audiência geral*, 6 de maio de 2015.

Os bens da família

49. O matrimônio é o "consórcio de toda a vida, por sua índole natural ordenado ao bem dos cônjuges e à geração e educação da prole".[57] No acolhimento recíproco, os noivos prometem-se um ao outro dom total, fidelidade e abertura à vida. Na fé e com a graça de Cristo, eles reconhecem os dons que Deus lhes oferece e comprometem-se em seu nome perante a Igreja. Deus consagra o amor dos esposos e confirma a sua indissolubilidade, oferecendo-lhes a sua graça para viver a fidelidade, a integração recíproca e a abertura à vida. Damos graças a Deus pelo matrimônio porque, através da comunidade de vida e de amor, os cônjuges conhecem a felicidade e experimentam que Deus os ama pessoalmente, com paixão e ternura. O homem e a mulher, individualmente e como casal – recordou o Papa Francisco – "são imagem de Deus". A sua diferença "não é para a contraposição, nem para a subordinação, mas para a comunhão e a geração, sempre à imagem e semelhança de Deus".[58] A finalidade unitiva do matrimônio é uma exortação constante ao crescimento e ao aprofundamento deste amor. Na sua união de amor, os esposos experimentam a beleza da paternidade e da maternidade; compartilham os projetos e as dificuldades, os desejos e as preocupações; aprendem o cuidado recíproco e o perdão mútuo. Neste amor eles celebram os seus momentos felizes e ajudam-se nas passagens difíceis da sua história de vida.

---

[57] CÓDIGO DE DIREITO CANÔNICO, cân. 1055, § 1.
[58] FRANCISCO. *Audiência geral*, 15 de abril de 2015.

50. No sentido pleno, a fecundidade dos esposos é espiritual: eles são sinais sacramentais vivos, nascentes de vida para a comunidade cristã e para o mundo. O ato da geração, que manifesta a "conexão inseparável" entre valor unitivo e procriador – posto em evidência pelo Beato Paulo VI[59] – deve ser entendido na ótica da responsabilidade dos pais no compromisso em prol do cuidado e da educação cristã dos filhos. Estes são o fruto mais precioso do amor conjugal. Dado que o filho é uma pessoa, ele transcende aqueles que o geraram. "Com efeito, ser filho e filha, segundo o desígnio de Deus, significa trazer em si a memória e a esperança de um amor que se realizou precisamente acendendo a vida de outro ser humano, original e novo. E para os pais cada filho é singular, diferente, diverso."[60] A beleza do dom recíproco e gratuito, a alegria pela vida que nasce e pelo cuidado amoroso da parte de todos os membros, desde os pequeninos até os idosos, são alguns dos frutos que tornam única e insubstituível a resposta à vocação da família. Os relacionamentos familiares contribuem de modo decisivo para a construção solidária e fraternal da sociedade humana, não reduzida à convivência dos habitantes de um território ou dos cidadãos de um Estado.

Verdade e beleza da família

51. Com íntima alegria e profunda consolação, a Igreja olha para as famílias que são fiéis aos ensinamentos

---

[59] Cf. HV, n. 12.
[60] FRANCISCO. *Audiência geral*, 11 de fevereiro de 2015.

do Evangelho, agradecendo-lhes e encorajando-as pelo testemunho que oferecem. Graças a elas, torna-se credível a beleza do matrimônio indissolúvel e fiel para sempre. Na família amadurece a primeira experiência eclesial da comunhão entre pessoas, na qual pela graça se reflete o mistério da Santíssima Trindade. "É aqui que se aprendem a tenacidade e a alegria no trabalho, o amor fraterno, o perdão generoso e sempre renovado e, sobretudo, o culto divino, pela oração e pelo oferecimento da própria vida."[61] O Evangelho da família nutre inclusive aquelas sementes que ainda esperam amadurecer, e deve cuidar das árvores que secaram e não podem ser descuidadas (cf. Lc 13,6-9). Enquanto mestra segura e mãe atenciosa, e não obstante reconheça que entre os batizados não existe outro vínculo nupcial além do sacramental, e que cada ruptura do mesmo é contrária à vontade de Deus, a Igreja está também consciente da fragilidade de muitos dos seus filhos que encontram dificuldades no caminho da fé. "Portanto, sem diminuir o valor do ideal evangélico, é preciso acompanhar, com misericórdia e paciência, as possíveis etapas de crescimento das pessoas, que se vão construindo dia após dia. [...] Um pequeno passo, no meio de grandes limitações humanas, pode ser mais agradável a Deus do que a vida externamente correta de quem vive os seus dias sem enfrentar sérias dificuldades. A todos devem chegar a consolação e o estímulo do amor salvífico de Deus, que age misteriosamente em cada pessoa, para além dos seus defeitos e das suas quedas."[62]

---

[61] CIgC, n. 1657.
[62] EG, n. 44.

Esta verdade e esta beleza devem ser preservadas. Diante de situações difíceis e de famílias feridas, é necessário recordar sempre um princípio geral: "Saibam os pastores que, por amor à verdade, estão obrigados a discernir bem as situações".[63] O grau de responsabilidade não é igual em todos os casos, e podem existir fatores que limitam a capacidade de decisão. Por isso, enquanto se deve expressar claramente a doutrina, é preciso evitar juízos que não levam em consideração a complexidade das diversas situações e é necessário prestar atenção ao modo como as pessoas vivem e sofrem por causa da sua condição.

---

[63] FC, n. 84.

Capítulo IV

RUMO À PLENITUDE ECLESIAL DA FAMÍLIA

O vínculo íntimo entre Igreja e família

52. A bênção e a responsabilidade de uma nova família, selada no sacramento eclesial, comporta a disponibilidade a fazer-se defensor e promotor da aliança fundamental entre homem e mulher, no contexto da comunidade cristã. Esta disponibilidade, no âmbito do vínculo social, da geração dos filhos, do cuidado dos mais frágeis e da vida comum comporta uma responsabilidade que tem o direito de ser sustentada, reconhecida e apreciada. Em virtude do sacramento do Matrimônio, cada família torna-se para todos os efeitos um bem para a Igreja. Nesta perspectiva, para o hoje da Igreja, será certamente um dom precioso ter em consideração também a reciprocidade entre família e Igreja: a Igreja é um bem para a família, a família é um bem para a Igreja. A preservação do dom sacramental do Senhor compromete não apenas a família individual, mas a própria comunidade cristã, do modo que lhe compete. Perante a ocorrência da dificuldade, também grave, de preservar a união matrimonial, o discernimento das respectivas obrigações e das relativas omissões deverá ser aprofundado pelo casal, com a ajuda dos pastores e da comunidade.

A graça da conversão e do cumprimento

53. A Igreja permanece próxima dos cônjuges, cujo vínculo se enfraqueceu a tal ponto que se apresenta o risco de separação. Caso se chegue a um doloroso fim da relação, a Igreja sente o dever de acompanhar este momento de sofrimento, de modo que pelo menos não se desencadeiem danosas oposições entre os cônjuges. Deve-se prestar uma atenção particular sobretudo aos filhos, que são os primeiros atingidos pela separação, a fim de que venham a sofrer o menos possível por causa dela: "Quando o pai e a mãe se ferem, a alma das crianças sofre muito".[64] O olhar de Cristo, cuja luz ilumina cada homem (cf. Jo 1,9[65]), inspira o cuidado pastoral da Igreja pelos fiéis que simplesmente convivem, ou que só contraíram o casamento civil, ou, então, que são divorciados recasados. Na perspectiva da pedagogia divina, a Igreja dirige-se com amor a quantos participam na vida dela de modo imperfeito: invoca com eles a graça da conversão, encoraja-os a realizar o bem, a cuidar com amor um do outro e pôr-se a serviço da comunidade na qual vivem e trabalham. É desejável que nas dioceses se promovam itinerários de discernimento e participação destas pessoas, como ajuda e encorajamento para o amadurecimento de uma escolha consciente e coerente. Os casais devem ser informados sobre a possibilidade de recorrer ao processo de declaração de nulidade do matrimônio.

---

[64] FRANCISCO. *Audiência geral*, 24 de junho de 2015.
[65] Cf. GS, n. 22.

54. Quando a união alcança uma estabilidade notável através de um vínculo público – e é marcada por profundo afeto, por responsabilidade em relação à prole e por capacidade de superar as provações – pode ser vista como uma ocasião para ser acompanhada rumo ao sacramento do Matrimônio, quando isto for possível. No entanto, diferente é o caso em que a convivência não se tiver estabelecido em direção a um possível futuro matrimônio, mas na ausência do propósito de estabelecer uma relação institucional. A realidade dos casamentos civis entre homem e mulher, dos casamentos tradicionais e, com as devidas diferenciações, também das convivências, é um fenômeno emergente em muitos países. Além disso, a situação de fiéis que estabeleceram uma nova união exige uma especial atenção pastoral: "Nestas décadas [...] aumentou muito a consciência de que é necessário um acolhimento fraterno e atento, no amor e na verdade, em relação aos batizados que estabeleceram uma nova convivência depois do fracasso do matrimônio sacramental: com efeito, estas pessoas não estão excomungadas".[66]

A misericórdia no centro da revelação

55. A Igreja parte das situações concretas das famílias de hoje, todas elas necessitadas de misericórdia, a começar por aquelas que mais sofrem. Com o coração misericordioso de Jesus, a Igreja deve acompanhar os seus filhos mais frágeis, marcados pelo amor ferido e confuso,

---

[66] FRANCISCO. *Audiência geral*, 5 de agosto de 2015.

restituindo confiança e esperança, como a luz do farol de um porto ou de uma tocha levada ao meio do povo para iluminar aqueles que perderam a rota ou que se encontram no meio da tempestade. A misericórdia é "o centro da revelação de Jesus Cristo".[67] Nela resplandece a soberania de Deus, com a qual ele é fiel sempre de novo ao seu ser, que é amor (cf. 1Jo 4,8), e ao seu pacto. "É precisamente na sua misericórdia que Deus manifesta a sua soberania."[68] Anunciar a verdade com amor é em si mesmo um ato de misericórdia. Na Bula *Misericordiae Vultus*, o Papa Francisco afirma: "A misericórdia não é contrária à justiça, mas exprime o comportamento de Deus para com o pecador". E prossegue: "Deus não rejeita a justiça. Ele engloba-a e supera-a num evento superior onde se experimenta o amor, que está na base de uma verdadeira justiça".[69] Jesus é o rosto da misericórdia de Deus Pai: "Deus amou tanto o mundo, [...] para que o mundo seja salvo por ele [pelo seu Filho]" (Jo 3,16.17).

---

[67] MV, n. 25
[68] AQUINO, Santo Tomás de. *Summa Theologiae*, II-II, q. 30, art. 4; cf. *Missal Romano*, Coleta do 26º Domingo do Tempo Comum.
[69] MV, n. 21.

III Parte

A MISSÃO DA FAMÍLIA

56. Desde o início da história, Deus foi pródigo de amor pelos seus filhos,[70] de tal forma que eles puderam alcançar a plenitude da vida em Jesus Cristo (cf. Jo 10,10). Através dos sacramentos da Iniciação Cristã, Deus convida as famílias a introduzir-se nesta vida, a proclamá-la e a comunicá-la aos outros.[71] Como o Papa Francisco nos recorda com insistência, a missão da família amplia-se sempre para fora, ao serviço dos nossos irmãos e irmãs. É a missão da Igreja, na qual cada família é chamada a participar de modo único e privilegiado. "Em virtude do Batismo recebido, cada membro do povo de Deus tornou-se discípulo missionário."[72] No mundo inteiro, na realidade das famílias, podemos ver tanta felicidade e alegria, mas também muitos sofrimentos e angústias. Queremos considerar esta realidade com os mesmos olhos com os quais também Cristo a fitava, quando caminhava no meio dos homens do seu tempo. A nossa atitude quer ser de compreensão humilde. Temos o desejo de acompanhar cada uma e todas as famílias, a fim de que descubram a melhor maneira para superar as dificuldades que encontram no seu caminho. O Evangelho é sempre também

---

[70] Cf. LG, n. 2.
[71] Cf. ibidem, n. 41.
[72] EG, n. 120.

um sinal de contradição. A Igreja nunca se esquece de que o mistério pascal é central na Boa-Notícia que nós anunciamos. Ela deseja ajudar as famílias a reconhecer e a aceitar a cruz, quando se apresenta diante delas, para que possam carregá-la com Cristo no caminho rumo à alegria da ressurreição. Este trabalho exige "uma conversão pastoral e missionária, que não pode deixar as coisas como estão".[73] Além disso, a conversão refere-se profundamente ao estilo e à linguagem. É necessário adotar uma linguagem que seja significativa. O anúncio deve levar a experimentar que o Evangelho da família é resposta às expectativas mais profundas da pessoa humana: à sua dignidade e à plena realização na reciprocidade, na comunhão e na fecundidade. Não se trata somente de apresentar um conjunto de regulamentos, mas de anunciar a graça que confere a capacidade de viver os bens da família. A transmissão da fé torna necessária, hoje mais do que nunca, uma linguagem capaz de alcançar a todos, especialmente os jovens, para comunicar a beleza do amor familiar e fazer compreender o significado de palavras como doação, amor conjugal, fidelidade, fecundidade e procriação. A necessidade de uma linguagem nova e mais adequada apresenta-se antes de tudo no momento de introduzir as crianças e os adolescentes ao tema da sexualidade. Muitos pais e pessoas que estão comprometidos na pastoral têm dificuldade de encontrar uma linguagem apropriada e ao mesmo tempo respeitosa, que una a natureza da sexualidade biológica e a complementaridade que se enriquece reciprocamente com a amizade, com o amor e com a doação do homem e da mulher.

---

[73] Ibidem, n. 25.

Capítulo I
A FORMAÇÃO DA FAMÍLIA

A preparação para o matrimônio

57. O matrimônio cristão não pode reduzir-se a uma tradição cultural, nem a uma simples convenção jurídica: é um chamamento de Deus que requer discernimento atento, oração constante e amadurecimento adequado. Por isso, são necessários itinerários formativos que acompanhem a pessoa e o casal, de modo que à comunicação dos conteúdos da fé se una a experiência de vida oferecida por toda a comunidade eclesial. A eficácia desta ajuda exige também que seja aperfeiçoada a catequese pré-matrimonial – às vezes, pobre de conteúdos –, que constitui uma parte integrante da pastoral ordinária. Inclusive a pastoral dos noivos deve inserir-se no compromisso geral da comunidade cristã, de transmitir de maneira adequada e convincente a mensagem evangélica a propósito da dignidade da pessoa, da sua liberdade e do respeito pelos seus direitos. É preciso ter bem presentes as três etapas indicadas pela *Familiaris Consortio*:[74] a preparação remota, que passa através da transmissão da fé e dos valores cristãos no seio da própria família; a preparação próxima, que coincide com os iti-

---

[74] Cf. FC, n. 66.

nerários de catequeses e com as experiências formativas vividas no âmbito da comunidade eclesial; e a preparação imediata para o matrimônio, parte de um caminho mais vasto, qualificado pela dimensão vocacional.

58. Na mudança cultural em curso, muitas vezes são apresentados modelos em contraposição com a visão cristã da família. A sexualidade está frequentemente desvinculada de um projeto de amor autêntico. Em certos países chegam mesmo a ser impostos pela autoridade pública projetos formativos que apresentam conteúdos contrários à visão humana e cristã: em relação a eles, há que afirmar com determinação a liberdade da Igreja de ensinar a sua doutrina e o direito à objeção de consciência por parte dos educadores. Além disso, a família, não obstante permaneça um espaço pedagógico primordial,[75] não pode ser o único lugar de educação para a sexualidade. Por isso, é necessário estruturar verdadeiros programas pastorais de apoio, destinados tanto aos indivíduos como aos casais, prestando uma atenção particular à idade da puberdade e da adolescência, nos quais ajudar a descobrir a beleza da sexualidade no amor. O cristianismo proclama que Deus criou o homem como varão e mulher, abençoando-os a fim de que formassem uma só carne e transmitissem a vida (cf. Gn 1,27-28; 2,24). A sua diferença, na igual dignidade pessoal, é o selo da boa criação de Deus. Em conformidade com o princípio cristão, alma e corpo, assim como sexo biológico (*sex*) e função sociocultural do sexo (*gender*), podem-se distinguir, mas não separar.

---

[75] Cf. CONCÍLIO VATICANO II. Decreto *Gravissimum Educationis*, n. 3.

Por isso, sobressai a exigência de uma ampliação dos temas formativos nos itinerários pré-matrimoniais, a fim de que eles se tornem percursos de educação para a fé e para o amor, integrados no caminho da iniciação cristã. Nesta luz, é necessário recordar a importância das virtudes, entre as quais a castidade, condição preciosa para o crescimento genuíno do amor interpessoal. O itinerário formativo deveria assumir a fisionomia de um caminho orientado para o discernimento vocacional e do casal, preocupando-se com uma melhor sinergia entre os vários âmbitos pastorais. Os percursos de preparação para o matrimônio sejam propostos também por cônjuges capazes de acompanhar os noivos antes do casamento e nos primeiros anos de vida matrimonial, valorizando desta forma a ministerialidade conjugal. A valorização pastoral dos relacionamentos pessoais favorecerá a abertura gradual das mentes e dos corações à plenitude do plano de Deus.

A celebração nupcial

59. A liturgia nupcial é um acontecimento singular, que se vive no contexto familiar e social de uma festa. O primeiro dos sinais de Jesus teve lugar no banquete das bodas de Caná: o vinho bom do milagre do Senhor, que alegra o nascimento de uma nova família, é o vinho da Aliança de Cristo com os homens e as mulheres de todos os tempos. A preparação das bodas ocupa a atenção dos nubentes durante muito tempo. E representa um período precioso para eles, para suas famílias e para seus amigos, mas deve enriquecer-se com a sua dimensão propriamente espiritual e eclesial. A celebração nupcial é uma ocasião propícia para convidar mais pessoas para a celebração dos sacramentos da Reconciliação e da Eucaristia. Através de uma participação cordial e jubilosa, a comunidade cristã acolherá no seu seio a nova família a fim de que, como igreja doméstica, se sinta parte da família eclesial maior. A liturgia nupcial deveria ser preparada mediante uma catequese mistagógica que leve o casal a sentir que a celebração da sua aliança se realiza "no Senhor". Frequentemente, o celebrante tem a oportunidade de se dirigir a uma assembleia composta por pessoas que participam pouco na vida eclesial, ou pertencem a outras confissões cristãs ou comunidades religiosas. Trata-se de uma inestimável ocasião de anúncio do Evangelho de Cristo, que pode suscitar nas famílias presentes a redescoberta da fé e do amor que provêm de Deus.

Os primeiros anos da vida familiar

60. Os primeiros anos de casamento são um período vital e delicado, durante o qual os casais crescem na consciência da sua vocação e missão. Por isso, exige-se um acompanhamento pastoral que continue inclusive depois da celebração do sacramento. A paróquia é o lugar onde casais experientes podem ser postos à disposição dos mais jovens, com o eventual concurso de associações, movimentos eclesiais e novas comunidades. É necessário encorajar os esposos a ter uma atitude fundamental de acolhimento da grande dádiva dos filhos. É preciso ressaltar a importância da espiritualidade familiar, da oração e da participação na Eucaristia dominical, convidando os casais a reunir-se regularmente para fomentar o crescimento da vida espiritual e a solidariedade nas exigências concretas da vida. O encontro pessoal com Cristo através da leitura da Palavra de Deus, na comunidade e nas casas, de maneira especial na forma da *lectio divina*, constitui um manancial de inspiração para o agir de todos os dias. Liturgias, práticas devocionais e Eucaristias celebradas para as famílias, principalmente no aniversário do matrimônio, alimentam a vida espiritual e o testemunho missionário da família. Não raro, nos primeiros anos de vida conjugal verifica-se uma certa introversão do casal, com o consequente isolamento do contexto comunitário. A consolidação da rede relacional entre os casais e a criação de laços significativos são necessárias para o amadurecimento da vida cristã da família. Os movimentos e os grupos eclesiais muitas vezes garantem tais momentos de crescimento e de formação. Integrando estas contribuições, a Igreja local tome a iniciativa de coordenar o cuidado pastoral das famílias jovens. Na fase inicial da vida conjugal a frustração do desejo de ter filhos suscita um desânimo particular. Não raro, é nela que se anunciam motivos de crise que rapidamente acabam na separação. Também por estes motivos é particularmente importante a proximidade da comunidade aos esposos jovens, através do apoio afetuoso e discreto de famílias fidedignas.

A formação dos presbíteros e de outros agentes pastorais

61. É necessária uma renovação da pastoral à luz do Evangelho da família e do ensinamento do Magistério.

Por isso, é preciso pensar numa formação mais adequada dos presbíteros, dos diáconos, dos religiosos, das religiosas, dos(as) catequistas e dos demais agentes no campo da pastoral, que devem promover a integração das famílias na comunidade paroquial, sobretudo por ocasião dos caminhos de formação para a vida cristã relativos aos sacramentos. De modo particular nos seus itinerários de formação humana, espiritual, intelectual e pastoral, os seminários devem preparar os futuros presbíteros para que se tornem apóstolos da família. Na formação para o ministério ordenado, não se pode descuidar o desenvolvimento afetivo e psicológico, também participando de modo direto em programas adequados. Itinerários e cursos de formação destinados especificamente aos agentes pastorais poderão torná-los aptos para inserir o mesmo caminho de preparação para o matrimônio na mais ampla dinâmica da vida eclesial. No tempo de formação, os candidatos ao presbiterado vivam períodos convenientes com a própria família e sejam orientados a fazer experiências de pastoral familiar para adquirir um conhecimento adequado da situação atual das famílias. A presença dos leigos e das famílias, em particular a presença feminina, na formação sacerdotal, favorece o apreço pela variedade e complementaridade das diversas vocações na Igreja. A dedicação deste ministério precioso poderá receber vitalidade e consistência de uma renovada aliança entre as duas principais formas de vocação para o amor: a do matrimônio, que floresce na família cristã, fundada sobre o amor de escolha, e a da vida consagrada, imagem da comunhão do Reino, que começa na aceitação incondicional do outro como dom de Deus. Na comunhão das vocações realiza-se um fecundo intercâmbio de dons, que anima e enriquece a comunidade eclesial (cf. At 18,2). A direção espiritual da família pode ser considerada um dos ministérios paroquiais. Sugere-se que a Pastoral Familiar e outros setores pastorais possam intensificar a sua colaboração neste campo. Na formação permanente do clero e dos agentes pastorais, é desejável que se continue a cuidar com instrumentos apropriados do amadurecimento das dimensões afetiva e psicológica, que lhes será indispensável para o acompanhamento pastoral das famílias, também em vista das particulares situações de emergência, determinadas pelos casos de violência doméstica e de abuso sexual.

Capítulo II
FAMÍLIA, PROCRIAÇÃO E EDUCAÇÃO

A transmissão da vida

62. A presença de famílias numerosas na Igreja constitui uma bênção para a comunidade cristã e para a sociedade, porque a abertura à vida é exigência intrínseca do amor conjugal. Nesta luz, a Igreja exprime profunda gratidão às famílias que acolhem, educam, circundam de carinho e transmitem a fé aos seus filhos, de forma particular os mais frágeis e marcados pela deficiência. Estas crianças, nascidas com necessidades especiais, atraem o amor de Cristo e pedem à Igreja que cuide delas como uma bênção. Infelizmente, há uma mentalidade difundida que reduz a geração da vida unicamente à gratificação individual ou do casal. Os fatores de ordem econômica, cultural e educativa exercem um peso às vezes determinante, contribuindo para a forte diminuição da natalidade que enfraquece o tecido social, compromete os relacionamentos entre as gerações e torna mais incerto o olhar sobre o futuro. Também neste âmbito, é necessário começar a partir da escuta das pessoas e explicar a beleza e a verdade de uma abertura incondicional à vida, como aquilo de que o amor humano precisa para ser vivido plenamente. Sente-se aqui a necessidade de divulgar cada vez mais os documentos do Magistério da Igreja que promovem a cultura da vida. A pastoral familiar deveria incluir em maior medida os especialistas católicos em matéria biomédica, tanto nos processos de preparação para o matrimônio como no acompanhamento dos cônjuges.

A responsabilidade procriativa

63. Segundo a ordem da criação, o amor conjugal entre um homem e uma mulher e a transmissão da vida estão ordenados um para o outro (cf. Gn 1,27-28). Deste modo, o Criador tornou o homem e a mulher partícipes da obra da sua criação e transformou-os ao mesmo tempo em instrumentos do seu amor, confiando à sua responsabilidade o futuro da humanidade através da transmissão da vida humana. Os cônjuges abrir-se-ão à vida, formando "retamente a própria consciência, tendo em conta o seu próprio bem e o dos filhos já nascidos ou que preveem virão a nascer, sabendo ver as condições do tempo e da própria situação e tendo, finalmente, em consideração o bem da comunidade familiar, da sociedade temporal e da própria Igreja".[76] Em conformidade com o caráter pessoal e humanamente completo do amor conjugal, o caminho reto para a planificação familiar é o de um diálogo consensual entre os esposos, do respeito pelos tempos e da consideração da dignidade do parceiro. Neste sentido, a Encíclica *Humanae Vitae* (cf. n. 10-14) e a Exortação Apostólica *Familiaris Consortio* (cf. n. 14; 28-35) devem ser redescobertas, com a finalidade de

---

[76] GS, n. 50; cf. VS, n. 54-64.

despertar a disponibilidade a procriar, em contraste com uma mentalidade muitas vezes hostil à vida. É preciso exortar reiteradamente os casais jovens a doar a vida. Deste modo pode crescer a abertura à vida na família, na Igreja e na sociedade. Através das suas numerosas instituições destinadas às crianças, a Igreja pode contribuir para criar uma sociedade, mas também uma comunidade de fé, que sejam à medida da criança. A coragem de transmitir a vida é notavelmente fortalecida quando se cria uma atmosfera adequada às crianças, na qual se oferecem ajuda e acompanhamento na obra de educação da prole (cooperação entre paróquias, pais e famílias).

A escolha responsável da paternidade-maternidade pressupõe a formação da consciência, que é "o centro mais secreto e o santuário do homem, no qual se encontra a sós com Deus, cuja voz se faz ouvir na intimidade do seu ser".[77] Quanto mais os esposos procuram ouvir na sua consciência Deus e os seus mandamentos (cf. Rm 2,15), deixando-se acompanhar espiritualmente, tanto mais a sua decisão será intimamente livre de um juízo subjetivo e da adequação aos modos de se comportar do seu ambiente. Por amor a esta dignidade da consciência, a Igreja rejeita com todas as suas forças as intervenções coercitivas do Estado a favor da contracepção, da esterilização ou até do aborto. O recurso aos métodos baseados nos "ritmos naturais de fecundidade"[78] deverá ser encorajado. Esclarecer-se-á que "estes métodos respeitam o corpo dos esposos, animam a ternura entre eles

---

[77] GS, n. 16.
[78] HV, n. 11.

e favorecem a educação de uma liberdade autêntica".[79] É necessário salientar sempre que os filhos constituem um dom maravilhoso de Deus, uma alegria para os pais e para a Igreja. É através deles que o Senhor renova o mundo.

O valor da vida em todas as suas fases

64. A vida é dom de Deus e mistério que nos transcende. Por isso, não devem ser de modo algum descartados os seus inícios nem a sua fase terminal. Pelo contrário, é necessário assegurar a estas fases uma atenção especial. Hoje, demasiado facilmente, "o ser humano é considerado, em si mesmo, como um bem de consumo que se pode usar e depois lançar fora. Assim teve início a cultura do 'descartável', que aliás chega a ser promovida".[80] Em vista disso, é tarefa da família, sustentada pela sociedade inteira, acolher a vida nascente e cuidar da sua última fase. No que diz respeito ao drama do aborto, a Igreja afirma antes de tudo o caráter sagrado e inviolável da vida humana, comprometendo-se concretamente a favor dela.[81] Graças às suas instituições, ela oferece conselhos às mulheres grávidas, sustém as mães solteiras, assiste as crianças abandonadas e está próxima daquelas que sofreram o aborto. A quantos trabalham nas estruturas de assistência à saúde, recorda-se a obrigação moral da objeção de consciência. Do mesmo modo, a Igreja não somente sente a urgência de afirmar o direito à morte

---

[79] CIgC, n. 2370.
[80] EG, n. 53.
[81] Cf. EV, n. 58.

natural, evitando o excesso terapêutico e a eutanásia, mas também cuida dos idosos, protege as pessoas portadoras de deficiência, assiste os doentes terminais, consola os moribundos e rejeita com firmeza a pena de morte.[82]

Adoção e acolhimento

65. A adoção de crianças órfãs e abandonadas, acolhidas juntamente com os filhos naturais no espírito da fé, adquire a forma de um autêntico apostolado familiar,[83] muitas vezes evocado e encorajado pelo Magistério.[84] A escolha da adoção e do acolhimento expressa uma fecundidade particular da experiência conjugal, para além dos casos em que é dolorosamente marcada pela esterilidade. Esta escolha é um sinal convincente do acolhimento procriativo, testemunho da fé e cumprimento do amor. Ela restitui a dignidade recíproca a um vínculo interrompido: aos esposos que não têm filhos e aos filhos que não têm pais. Por isso, devem ser incentivadas todas as iniciativas destinadas a tornar mais viáveis os procedimentos de adoção. O tráfico de crianças entre países e continentes deve ser impedido com oportunas intervenções legais e controles por parte dos Estados. A continuidade entre a relação procriativa e educativa tem como fundamento necessário a diferença sexual entre homem e mulher, assim como a procriação. Diante daquelas situações em que o filho é pretendido

---

[82] Cf. CIgC, n. 2258.
[83] Cf. CONCÍLIO VATICANO II. Decreto *Apostolicam Actuositatem*, n. 11.
[84] Cf. FC, n. 41; EV, n. 93.

custe o que custar, como direito da própria realização, a adoção e o acolhimento retamente entendidos indicam um aspecto importante da paternidade-maternidade e da filiação, enquanto ajudam a reconhecer que os filhos, tanto naturais como adotivos ou acolhidos, são diferentes de nós e é preciso acolhê-los, amá-los, cuidá-los, e não apenas pô-los no mundo. O interesse predominante pela criança deveria inspirar sempre as decisões sobre a adoção e o acolhimento. Como recordou o Papa Francisco, "as crianças têm o direito de crescer numa família, com um pai e uma mãe".[85] No entanto, a Igreja deve proclamar que, na medida do possível, as crianças têm o direito de crescer na sua família de origem com a maior ajuda disponível.

A educação dos filhos

66. Um dos desafios fundamentais, entre aqueles que se apresentam às famílias atualmente, é seguramente o da educação, que se tornou mais exigente e complexo devido à realidade cultural atual e à grande influência dos meios de comunicação. Devem ser devidamente consideradas as exigências e as expectativas de famílias capazes de ser lugares de crescimento na vida de todos os dias, de concreta e essencial transmissão da fé, da espiritualidade e das virtudes que conferem forma à existência. A família de origem é muitas vezes o seio da vocação ao sacerdócio e à vida consagrada: portanto, exortam-se os pais a pedir ao

---

[85] FRANCISCO. *Audiência aos Participantes no Colóquio internacional sobre a complementaridade entre homem e mulher, promovido pela Congregação para a Doutrina da Fé*, 17 de novembro de 2014.

Senhor o dom inestimável da vocação para alguns dos seus filhos. No campo educativo deve ser assegurado o direito dos pais a escolherem livremente o tipo de educação que querem oferecer aos filhos, segundo as suas convicções, e sob condições acessíveis e de qualidade. É necessário ajudá-los a viver a afetividade, inclusive nos relacionamentos conjugais, como um caminho de amadurecimento, no acolhimento cada vez mais profundo do outro e numa doação sempre mais completa. Neste sentido, é preciso reiterar a necessidade de propor caminhos formativos que alimentem a vida conjugal e a importância de um laicado que ofereça um acompanhamento feito de testemunho vivo. É de grande ajuda o exemplo de um amor fiel e profundo, embasado na ternura e no respeito, capaz de crescer ao longo do tempo e que, no seu abrir-se concreto à geração da vida, faz a experiência de um mistério que nos transcende.

67. Nas diferentes culturas, os adultos da família conservam uma função educativa insubstituível. Contudo, em muitos contextos continuamos a assistir a um progressivo enfraquecimento do papel educativo dos pais, por causa da presença invasiva dos meios de comunicação no seio da esfera familiar, mas também devido à tendência a delegar ou a reservar esta tarefa a terceiros. Por outro lado, os meios de comunicação, especialmente os *social media*, unem os membros da família também a distância. O uso do *e-mail* e de outros *social media* pode manter unidos no tempo os membros da família. Além disso, os meios de comunicação podem constituir uma ocasião para a evangelização dos jovens. Pede-se que a Igreja encoraje e apoie as famílias na sua obra de participação atenta e responsável em relação aos programas escolares e educacionais que dizem respeito aos seus filhos. Há unanimidade quando se afirma que a primeira escola de educação é a família, e que a comunidade cristã se apresenta como ajuda e integração deste papel formativo insubstituível. Considera-se necessário identificar espaços e momentos de encontro para encorajar a formação dos pais e a partilha de experiências entre famílias. É importante que os pais participem ativamente nos caminhos de preparação para os sacramentos da iniciação cristã, como primeiros educadores e testemunhas de fé para os seus filhos.

68. As escolas católicas desempenham uma função vital na assistência aos pais, no seu dever de educar os filhos. A educação católica favorece o papel da família: assegura uma boa preparação, educa para as virtudes e os valores, orienta nos ensinamentos da Igreja. As escolas católicas deveriam ser encorajadas na sua missão de ajudar os alunos a crescer como adultos maduros que podem ver o mundo através do olhar de amor de Jesus e que compreendem a vida como um chamamento ao serviço de Deus. Por isso, as escolas católicas são relevantes para a missão evangelizadora da Igreja. Em muitas regiões as escolas católicas são as únicas que garantem oportunidades autênticas às crianças de famílias pobres, de maneira especial às jovens, oferecendo-lhes uma alternativa à pobreza e um caminho para dar uma verdadeira contribuição para a vida da sociedade. As escolas católicas deveriam ser animadas a levar em frente a sua obra nas comunidades mais pobres, servindo os membros menos abastados e mais vulneráveis da nossa sociedade.

Capítulo III

FAMÍLIA E ACOMPANHAMENTO PASTORAL

Situações complexas

69. O sacramento do Matrimônio, como união fiel e indissolúvel entre um homem e uma mulher, chamados a acolher-se reciprocamente e a acolher a vida, é uma grande graça para a família humana. A Igreja tem a alegria e o dever de anunciar esta graça a todas as pessoas e em todas as realidades. Hoje ela sente, de modo ainda mais urgente, a responsabilidade de levar os batizados a descobrir de novo como a graça de Deus age na sua vida – até nas situações mais difíceis – a fim de conduzi-los à plenitude do sacramento. Enquanto aprecia e encoraja as famílias que honram a beleza do matrimônio cristão, o Sínodo objetiva promover o discernimento pastoral das situações em que o acolhimento deste dom tem dificuldade de ser estimado, ou então está de algum modo comprometido. Manter vivo o diálogo pastoral com estes fiéis, para permitir o amadurecimento de uma abertura ao Evangelho do matrimônio e da família na sua plenitude, é uma grave responsabilidade. Os pastores devem identificar os elementos que podem favorecer a evangelização e o crescimento humano e espiritual daqueles que o Senhor confia aos seus cuidados.

70. A pastoral proponha com clareza a mensagem evangélica e reconheça os elementos positivos presentes naquelas situações que ainda não, ou já não, lhe correspondem. Em muitos países, um número crescente de casais convive sem matrimônio algum, nem canônico, nem civil. Em alguns países existe o matrimônio tradicional, arranjado entre famílias e frequentemente celebrado em diversas etapas. Em outros países, ao contrário, aumenta o número de quantos, depois de ter vivido juntos durante muito tempo, pedem a celebração do seu matrimônio na Igreja. A simples convivência é, não raro, escolhida por causa da mentalidade geral contrária às instituições e aos compromissos definitivos, mas também motivada pela espera de uma segurança existencial (trabalho e salário fixo). Finalmente, em determinados países as uniões *de fato* tornam-se cada vez mais numerosas, não somente devido à rejeição dos valores da família e do matrimônio, mas inclusive porque o casamento é sentido como um luxo, devido às condições sociais, de tal forma que a miséria material impele a viver uniões *de fato*. Todas estas situações devem ser enfrentadas de maneira construtiva, procurando transformá-las em oportunidades de caminho de conversão rumo à plenitude do matrimônio e da família à luz do Evangelho.

71. A escolha do matrimônio civil ou, em diversos casos, da simples convivência, muitas vezes é motivada não por preconceitos nem por resistências no que se refere à união sacramental, mas por situações culturais ou ocasionais. Em muitas circunstâncias, a decisão de viver juntos é sinal de um relacionamento que quer realmente orientar-se para uma perspectiva de estabilidade. Esta vontade, que se traduz num vínculo duradouro, confiável e aberto à vida pode considerar-se um compromisso no qual inserir um caminho rumo ao sacramento matrimonial, descoberto como o desígnio de Deus para a própria vida. O caminho de crescimento, que pode levar ao matrimônio sacramental, será incentivado pelo reconhecimento dos traços próprios do amor generoso e duradouro: o desejo de procurar o bem do outro, antes do que o próprio; a experiência do perdão pedido e oferecido; a aspiração a constituir uma família não fechada em si mesma, mas aberta ao bem da comunidade eclesial e da sociedade inteira. Ao longo deste percurso poderão ser valorizados os sinais de amor que propriamente correspondem ao reflexo do amor de Deus num autêntico projeto conjugal.

72. As problemáticas relativas aos matrimônios mistos exigem uma atenção específica. Os matrimônios entre católicos e outros batizados, "na sua fisionomia particular, apresentam numerosos elementos que convêm valorizar e desenvolver, quer pelo seu valor intrínseco, quer pela ajuda que podem dar ao movimento ecumênico". Com esta finalidade, "procure-se [...] uma colaboração cordial entre o ministro católico e o não católico, desde o momento da preparação para o matrimônio e para as núpcias".[86] A respeito da partilha eucarística, recorda-se que "a decisão de admitir ou não a parte não católica do matrimônio à comunhão eucarística deve ser tomada em conformidade com as normas gerais existentes em matéria, tanto para os cristãos orientais como para os outros cristãos, e tendo presente

---

[86] FC, n. 78.

esta situação particular, ou seja, que recebem o sacramento do Matrimônio cristão dois cristãos batizados. Embora os esposos de um matrimônio misto tenham em comum os sacramentos do Batismo e do Matrimônio, a partilha da Eucaristia não pode deixar de ser extraordinária e, contudo, devem ser observadas as disposições indicadas [...]".[87]

73. Os matrimônios com disparidade de culto representam um lugar privilegiado de diálogo inter-religioso na vida quotidiana, e podem constituir um sinal de esperança para as comunidades religiosas, especialmente onde existem situações de tensão. Os componentes do casal compartilham as respectivas experiências espirituais, ou então um caminho de busca religiosa, se um dos dois não for crente (cf. 1Cor 7,14). Os matrimônios com disparidade de culto comportam algumas dificuldades específicas, tanto no que se refere à identidade cristã da família como no que diz respeito à educação religiosa dos filhos. Os esposos são chamados a transformar cada vez mais o sentimento inicial de atração, com o desejo sincero do bem do outro. Esta abertura transforma também a diferente pertença religiosa numa oportunidade de enriquecimento da qualidade espiritual do relacionamento. O número de famílias compostas por uniões conjugais com disparidade de culto, em aumento nos territórios de missão e inclusive nos países de antiga tradição cristã, requer a urgência de prover a um cuidado pastoral em conformidade com os diferentes contextos so-

---

[87] PONTIFÍCIO CONSELHO PARA A PROMOÇÃO DA UNIDADE DOS CRISTÃOS. *Diretório para a Aplicação dos Princípios e das Normas para o Ecumenismo*, 25 de março de 1993, p. 159-160.

ciais e culturais. Em determinados países, onde a liberdade de religião não existe, o cônjuge cristão é obrigado a passar para outra religião para poder casar, e não lhe é permitido celebrar o matrimônio canônico em disparidade de culto, nem batizar os seus filhos. Por conseguinte, devemos reiterar a necessidade de que a liberdade religiosa seja respeitada em relação a todos.

74. Os matrimônios mistos e os matrimônios com disparidade de culto apresentam aspectos de fecundas potencialidades e de múltiplos aspectos críticos, de não fácil solução, mais em nível pastoral do que normativo, como a educação religiosa dos filhos, a participação na vida litúrgica do cônjuge, a partilha da experiência espiritual. Para enfrentar de modo constitutivo as diversidades relativas à fé, é necessário prestar uma atenção particular às pessoas que se unem em tais matrimônios, e não somente no período que antecede às bodas. Desafios peculiares são enfrentados pelos casais e pelas famílias nas quais um dos parceiros é católico e o outro é não crente. Nestes casos, é necessário dar testemunho da capacidade que o Evangelho tem de se inserir em tais situações, de modo a tornar possível a educação para a fé cristã dos filhos.

75. Particular dificuldade apresentam as situações que se referem ao acesso ao Batismo por parte de pessoas que se encontram numa condição matrimonial complexa. Trata-se de pessoas que contraíram uma união matrimonial estável numa época em que ainda pelo menos uma delas não conhecia a fé cristã. Nestes casos, os bispos são chamados a exercer um discernimento pastoral apropriado ao seu bem espiritual.

76. A Igreja conforma a sua atitude ao Senhor Jesus, que, num amor sem limites, se ofereceu por cada pessoa, sem exceções.[88] Em relação às famílias que vivem a experiência de ter no seu âmbito pessoas com tendência homossexual, a Igreja confirma que cada pessoa, independentemente da sua tendência sexual, deve ser respeitada na sua dignidade e acolhida com respeito, com o cuidado de evitar "qualquer atitude de injusta discriminação".[89] Reserve-se uma atenção específica também ao acompanhamento das famílias em que vivem pessoas com tendência homossexual. No que se refere aos projetos de equiparação ao matrimônio das uniões entre pessoas homossexuais, "não existe fundamento algum para equiparar ou estabelecer analogias, mesmo remotas, entre as uniões homossexuais e o plano de Deus sobre o matrimônio e a família".[90] Contudo, o Sínodo considera totalmente inaceitável que as Igrejas locais sofram pressões nesta matéria, e que os organismos internacionais condicionem as ajudas financeiras aos países pobres à introdução de leis que instituam o "casamento" entre pessoas do mesmo sexo.

---

[88] Cf. MV, n. 12.
[89] CONGREGAÇÃO PARA A DOUTRINA DA FÉ. *Considerações sobre os projetos de reconhecimento legal das uniões entre pessoas homossexuais*, n. 4.
[90] Idem.

Acompanhamento em diferentes situações

77. Numa partilha afetuosa, a Igreja faz suas as alegrias e as esperanças, as dores e as angústias de cada família. Para a Igreja, permanecer próxima da família como companheira de caminho significa assumir uma atitude sabiamente diferenciada: algumas vezes, é necessário permanecer ao lado e ouvir em silêncio; outras vezes, deve-se antecipar para indicar o caminho a percorrer; e outras vezes ainda, é oportuno seguir, apoiar e encorajar. "A Igreja deverá iniciar os seus membros – sacerdotes, religiosos e leigos – nesta 'arte do acompanhamento', para que todos aprendam a tirar sempre as sandálias diante da terra sagrada do outro (cf. Ex 3,5). Devemos dar ao nosso caminhar o ritmo salutar da proximidade, com um olhar respeitoso e cheio de compaixão, mas que ao mesmo tempo cure, liberte e anime a amadurecer na vida cristã."[91] A principal contribuição pastoral familiar é oferecida pela paróquia, que é família de famílias, onde se harmonizam as contribuições de pequenas comunidades, movimentos e associações eclesiais. O acompanhamento exige sacerdotes especificamente preparados e a instituição de centros especializados em que sacerdotes, religiosos e leigos aprendam a cuidar de cada família, com uma atenção particular àquelas que vivem em dificuldade.

78. Um ministério dedicado àqueles cuja relação matrimonial se interrompeu parece particularmente urgente. O drama da separação muitas vezes chega no final de

---

[91] EG, n. 169.

longos períodos de conflito, fazendo recair sobre os filhos os maiores sofrimentos. A solidão do cônjuge abandonado, ou que foi obrigado a interromper uma convivência caracterizada por maus-tratos contínuos e graves, exige uma atenção especial da parte da comunidade cristã. Prevenção e cuidado nos casos de violência familiar requerem uma colaboração estreita com a justiça, para agir contra os responsáveis e proteger adequadamente as vítimas. Além disso, é importante promover a salvaguarda dos menores contra o abuso sexual. Que na Igreja se tenha tolerância zero em tais casos, juntamente com o acompanhamento das famílias. Além disso, pareceria oportuno ter em consideração as famílias nas quais alguns membros desempenham atividades que comportam exigências particulares, como os militares que se encontram numa situação de separação material e de uma prolongada distância física da família, com todas as consequências que isto implica. Voltando dos ambientes de guerra, não raro eles sofrem de uma síndrome pós-traumática e sentem-se perturbados na consciência, que lhes provoca graves interrogações morais. Aqui é necessária uma especial atenção pastoral.

79. A experiência do fracasso matrimonial é sempre dolorosa para todos. Por outro lado, a própria falência pode tornar-se ocasião de reflexão, de conversão e de confiança em Deus: adquirindo a consciência das próprias responsabilidades, cada um pode voltar a encontrar confiança e esperança nele. "Do coração da Trindade, do íntimo mais profundo do mistério de Deus, brota e flui incessantemente a grande torrente da misericórdia. Esta fonte nunca poderá esgotar-se, por maior que seja o número daqueles que dela se aproximem. Sempre que alguém tiver necessidade poderá achegar-se a ela, porque a misericórdia de Deus não tem fim."[92] O perdão pela injustiça sofrida não é fácil, mas constitui um caminho que a graça torna possível. Por isso é necessária uma pastoral da conversão e da reconciliação, também através de centros de escuta e de mediação especializados, que se devem criar nas dioceses. Contudo, é preciso promover a justiça em relação a todas as partes atingidas pelo fracasso matrimonial (cônjuges e filhos). A comunidade cristã e os seus pastores têm o dever de pedir aos cônjuges separados e divorciados que se tratem com respeito e misericórdia, sobretudo para o bem dos filhos, aos quais não se deve provocar posterior sofrimento. Os filhos não podem ser um objeto de competição, e devem ser procuradas as melhores formas para que consigam superar o trauma da separação familiar e crescer da maneira mais tranquila possível. De qualquer forma, a Igreja deverá pôr sempre em evidência a injustiça, que muitas vezes deriva da situação de divórcio.

80. As famílias monoparentais têm origens diferentes: mães ou pais biológicos que nunca quiseram integrar-se na vida familiar, situações de violência das quais um dos pais teve que fugir com os filhos, morte de um dos pais, além de outras situações. Qualquer que seja a causa, quem mora com o próprio filho deve encontrar apoio e consolação junto das outras famílias que formam a comunidade cristã, assim como junto dos organismos pastorais paroquiais. Estas famílias são muitas vezes posteriormente afligidas

---

[92] MV, n. 25.

pela gravidade dos problemas econômicos, pela incerteza de um trabalho precário, pela dificuldade enfrentada para a manutenção dos filhos e pela falta de uma casa. A mesma solicitude pastoral deverá ser manifestada também em relação às pessoas viúvas, às mães solteiras e aos seus filhos.

81. Quando os esposos experimentam problemas nos seus relacionamentos, devem poder contar com a ajuda e o acompanhamento da Igreja. A experiência demonstra que, com uma ajuda adequada e com a ação de reconciliação da graça do Espírito Santo, uma elevada percentagem de crises matrimoniais é superada de maneira satisfatória. Saber perdoar e sentir-se perdoado constitui uma experiência fundamental na vida familiar. O perdão entre os esposos permite descobrir de novo a verdade de um amor que é para sempre, que nunca passa (cf. 1Cor 13,8). No âmbito dos relacionamentos familiares, a necessidade de reconciliação é praticamente diária. As incompreensões devidas às relações com as famílias de origem, o conflito entre diferentes hábitos culturais e religiosos, a divergência a respeito da educação dos filhos, a ansiedade pelas dificuldades econômicas, a tensão que surge por causa de dependências ou da perda do trabalho. São alguns dos recorrentes motivos de tensões e de conflitos. A difícil arte da reconciliação, que tem necessidade da ajuda da graça, precisa da colaboração generosa de parentes e amigos, e às vezes inclusive de um apoio externo e profissional. Nos casos mais dolorosos, como o da infidelidade conjugal, é necessária uma verdadeira obra de reparação, à qual é preciso tornar-se disponível. Um pacto ferido pode ser curado: para esta esperança é necessário educar-se desde

a preparação para o matrimônio. No cuidado das pessoas e das famílias feridas são fundamentais a ação do Espírito Santo, a frequência do sacramento da Reconciliação e a necessidade de caminhos espirituais acompanhados por ministros especialistas.

82. Para muitos fiéis que viveram uma experiência matrimonial infeliz, a averiguação da nulidade do seu matrimônio representa um caminho a percorrer. Os recentes *Motu Proprio Mitis Iudex Dominus Iesus* e *Mitis et Misericors Iesus* levaram a uma simplificação dos procedimentos para a eventual declaração de nulidade matrimonial. Com esses textos, o Santo Padre quis também "evidenciar que o próprio Bispo na sua Igreja, da qual está constituído pastor e chefe, é por isso mesmo juiz no meio dos fiéis a ele confiados".[93] Por isso, a práxis destes documentos constitui uma grande responsabilidade para os Ordinários diocesanos, chamados a julgar eles mesmos algumas causas e, de qualquer modo, a assegurar um acesso mais fácil dos fiéis à justiça. Isto comporta a preparação de pessoal suficiente, composto por clérigos e leigos, que se consagre de forma prioritária a este serviço eclesial. Portanto, será necessário pôr à disposição das pessoas separadas ou dos casais em crise um serviço de informação, de aconselhamento e de mediação, ligado à pastoral familiar, que também poderá receber as pessoas em vista da investigação preliminar ao processo matrimonial.[94]

---

[93] MI, preâmbulo, III.
[94] Cf. MI, art. 2-3.

83. O testemunho daqueles que inclusive em condições difíceis não contraem uma nova união, permanecendo fiéis ao vínculo matrimonial, merece o apreço e o apoio por parte da Igreja. Ela quer mostrar-lhes o rosto de um Deus fiel ao seu amor e sempre capaz de dar força e esperança renovadas. As pessoas separadas ou divorciadas, mas não recasadas, que são frequentemente testemunhas da fidelidade matrimonial, devem ser encorajadas a encontrar na Eucaristia o alimento que as sustente na sua situação.

Discernimento e integração

84. Os batizados que são divorciados e recasados devem ser integrados mais intensamente nas comunidades cristãs, de várias maneiras possíveis, evitando todas as ocasiões de escândalo. A lógica da integração constitui a chave do seu acompanhamento pastoral, para que não somente saibam que pertencem ao Corpo de Cristo, que é a Igreja, mas também possam fazer uma experiência feliz e fecunda da mesma. São batizados, são irmãos e irmãs, e o Espírito Santo derrama sobre eles dons e carismas para o bem de todos. A sua participação pode manifestar-se em diferentes serviços eclesiais: por isso, é necessário discernir quais das diversas formas de exclusão atualmente praticadas nos âmbitos litúrgico, pastoral, educativo e institucional podem ser superadas. Eles não apenas não devem sentir-se excomungados, mas podem viver e amadurecer como membros vivos da Igreja, sentindo-a como uma mãe que os recebe sempre, que cuida deles com carinho e que os anima no caminho da vida e do Evangelho. Esta integração

é necessária também em ordem ao cuidado e à educação dos seus filhos, que devem ser considerados os mais importantes. Para a comunidade cristã, cuidar destas pessoas não é um enfraquecimento da própria fé e do testemunho acerca da indissolubilidade matrimonial: aliás, é precisamente neste cuidado que a Igreja manifesta a sua caridade.

85. São João Paulo II ofereceu um critério geral, que permanece a base para a avaliação destas situações: "Saibam os pastores que, por amor à verdade, estão obrigados a discernir bem as situações. Há, na realidade, diferença entre aqueles que sinceramente se esforçaram por salvar o primeiro casamento e foram injustamente abandonados, e aqueles que por sua grave culpa destruíram um matrimônio canonicamente válido. Há ainda aqueles que contraíram uma segunda união em vista da educação dos filhos e, às vezes, estão subjetivamente certos em consciência de que o matrimônio anterior, irreparavelmente destruído, nunca tinha sido válido".[95] Portanto, é tarefa dos presbíteros acompanhar as pessoas interessadas no caminho do discernimento, em conformidade com o ensinamento da Igreja e com as orientações do bispo. Neste processo, será útil fazer um exame de consciência, através de momentos de reflexão e de arrependimento. Os divorciados recasados deveriam interrogar-se como se comportaram em relação aos seus filhos, quando a união conjugal entrou em crise; se houve tentativas de reconciliação; qual é a situação do parceiro abandonado; quais são as consequências da nova relação sobre o restante da família e sobre a comunidade

---

[95] FC, n. 84.

dos fiéis; e que exemplo ela oferece aos jovens que se devem preparar para o matrimônio. Uma reflexão sincera pode fortalecer a confiança na misericórdia de Deus, que a ninguém deve ser rejeitada.

Além disso, não se pode negar que, em algumas circunstâncias, "a imputabilidade e a responsabilidade de uma ação podem ficar diminuídas ou suprimidas"[96] por causa de diversos condicionamentos. Por isso, o juízo sobre uma situação objetiva não deve levar a um julgamento sobre a "imputabilidade subjetiva".[97] Em determinadas circunstâncias, as pessoas encontram grandes dificuldades de agir de maneira diversa. Por isso, não obstante seja necessário promover uma norma geral, é preciso reconhecer que a responsabilidade em relação a certas ações ou decisões não é a mesma em todos os casos. Embora tenha em consideração a consciência retamente formada pelas pessoas, o discernimento pastoral deve assumir a responsabilidade por tais situações. Também as consequências dos gestos realizados não são necessariamente as mesmas em todos os casos.

86. O processo de acompanhamento e de discernimento orienta estes fiéis para a tomada de consciência da sua situação perante Deus. O diálogo com o sacerdote, no foro interno, concorre para a formação de um juízo reto sobre aquilo que impede a possibilidade de uma participação mais plena na vida da Igreja e sobre os passos que podem favorecê-la e levá-la a crescer. Visto que na própria lei não

---

[96] CIgC, n. 1735.
[97] PONTIFÍCIO CONSELHO PARA OS TEXTOS LEGISLATIVOS. *Declaração*, 24 de junho de 2000, n. 2a.

existe graduação,[98] este discernimento nunca poderá prescindir da verdade e da caridade do Evangelho, propostas pela Igreja. Para que isto se verifique, devem ser garantidas as necessárias condições de humildade, discrição, amor à Igreja e ao seu ensinamento, na busca sincera da vontade de Deus e no desejo de chegar a uma resposta mais perfeita possível à mesma.

---

[98] Cf. FC, n. 34.

Capítulo IV

FAMÍLIA E EVANGELIZAÇÃO

A espiritualidade familiar

87. Na sua vocação e missão, a família é verdadeiramente um tesouro da Igreja. Todavia, como afirma São Paulo em relação ao Evangelho, "trazemos esse tesouro em vasos de barro" (2Cor 4,7). Na porta de entrada da vida da família, afirma o Papa Francisco, "estão escritas três palavras [...]: "com licença", "obrigado", "desculpa". Estas palavras realmente abrem o caminho para viver bem na família, para viver em paz. Trata-se de palavras simples, mas não são tão fáceis de pôr em prática! Elas encerram em si uma grande força: o vigor de proteger o lar, até no meio de inúmeras dificuldades e provações; ao contrário, a sua falta gradualmente abre fendas que até o podem fazer ruir".[99] O ensinamento dos Pontífices convida a aprofundar a dimensão espiritual da vida familiar a partir da nova descoberta da oração em família e da escuta em comum da Palavra de Deus, da qual nasce o compromisso de caridade. O alimento principal da vida espiritual da família é a Eucaristia, especialmente no dia do Senhor, como sinal do seu

---

[99] FRANCISCO. *Audiência geral*, 13 de maio de 2015.

profundo enraizar-se na comunidade eclesial.[100] A oração doméstica, a participação na liturgia e a prática das devoções populares e marianas são eficazes meios de encontro com Jesus Cristo e de evangelização da família. Isto porá em evidência a especial vocação dos esposos a alcançar, com a graça do Espírito Santo, a sua santidade através da vida matrimonial, também participante no mistério da cruz de Cristo, que transforma as dificuldades e os sofrimentos em oferenda de amor.

88. Na família, a ternura constitui o vínculo que une os pais entre si, e eles aos filhos. Ternura quer dizer dar com alegria e suscitar no outro a alegria de se sentir amado. Ela exprime-se de modo particular prestando atenção delicada aos limites do outro, especialmente quando eles sobressaem de maneira evidente. Tratar com esmero e respeito significa curar as feridas e restituir esperança, de modo a reavivar no outro a confiança. A ternura nos relacionamentos familiares é a virtude de todos os dias, que ajuda a ultrapassar os conflitos interiores e relacionais. Em vista disso, o Papa Francisco convida-nos a refletir: "Temos a coragem de acolher, com ternura, as situações difíceis e os problemas de quem vive ao nosso lado, ou preferimos as soluções impessoais, talvez eficientes, mas desprovidas do calor do Evangelho? Quão grande é a necessidade que o mundo tem hoje de ternura! Paciência de Deus, proximidade de Deus, ternura de Deus".[101]

---

[100] Cf. JOÃO PAULO II. Carta Apostólica *Dies Domini*, n. 52; 66.
[101] FRANCISCO. *Homilia por ocasião da Santa Missa na Noite da Solenidade do Natal do Senhor*, 24 de dezembro de 2014.

A família protagonista da pastoral

89. Se a família cristã quiser ser fiel à sua missão, deverá compreender bem de onde ela nasce: não pode evangelizar sem ser evangelizada. A missão da família abrange a união fecunda dos esposos, a educação dos filhos, o testemunho do sacramento, a preparação de outros casais para o matrimônio e o acompanhamento afetuoso daqueles casais ou famílias que se encontram em dificuldades. Por isso, é importante um esforço evangelizador e catequético orientado para o núcleo da família. A este respeito, tenha-se o cuidado de valorizar os casais, as mães e os pais, como protagonistas ativos da catequese, especialmente em relação aos filhos, em colaboração com sacerdotes, diáconos, pessoas consagradas e catequistas. Este esforço tem início a partir dos primeiros encontros sérios do casal. A catequese familiar serve de grande ajuda, como método eficaz para formar os jovens pais e para os tornar conscientes da sua missão de evangelizadores da própria família. Além disso, é muito importante sublinhar a relação entre experiência familiar e iniciação cristã. No seu conjunto, a comunidade cristã deve tornar-se o lugar onde as famílias nascem, se encontram e se confrontam em conjunto, caminhando na fé e compartilhando percursos de crescimento e de intercâmbio recíproco.

90. A Igreja deve infundir nas famílias um sentido de pertença eclesial, um sentido do "nós", no qual nenhum membro é esquecido. Todos sejam animados a desenvolver as respectivas capacidades e a realizar o projeto da sua vida, a serviço do Reino de Deus. Cada família, inserida no contexto eclesial, volte a descobrir a alegria da comunhão com outras famílias, para servir o bem comum da sociedade, promovendo uma política, uma economia e uma cultura ao serviço da família, também através da utilização dos *social networks* e dos meios de comunicação. Formulam-se votos a fim de que haja a possibilidade de criar pequenas comunidades de famílias, como testemunhas vivas dos valores evangélicos. Sente-se a necessidade de preparar, formar e responsabilizar algumas famílias, que possam acompanhar outras a viver de maneira cristã. É preciso recordar e encorajar também as famílias que se tornam disponíveis a viver a missão *ad gentes*. Finalmente, destaca-se a importância de unir a pastoral juvenil à pastoral familiar.

A relação com as culturas e com as instituições

91. A Igreja, "vivendo no decurso dos tempos em diversos condicionalismos, empregou os recursos das diversas culturas para fazer chegar a todas as gentes a mensagem de Cristo, para a explicar, investigar e penetrar mais profundamente e para lhe dar melhor expressão na celebração da Liturgia e na vida da multiforme comunidade dos fiéis".[102] Por isso, é importante levar em consideração estas culturas e respeitar cada uma delas nas suas particularidades. É oportuno também recordar aquilo que já o Beato Paulo VI escrevia: "A ruptura entre o Evangelho e a cultura é sem dúvida o drama da nossa época, como o foi também de outras épocas. Assim, importa envidar todos os esforços

---

[102] GS, n. 58.

no sentido de uma generosa evangelização da cultura, ou mais exatamente das culturas".[103] A pastoral matrimonial e familiar tem necessidade de valorizar aqueles elementos positivos que se encontram nas diferentes experiências religiosas e culturais, e que representam uma *praeparatio evangelica*. Contudo, no encontro com as culturas, uma evangelização atenta às exigências da promoção humana da família não poderá desincumbir-se da denúncia sincera dos condicionamentos culturais, sociais, políticos e econômicos. A hegemonia crescente da lógica do mercado, que penaliza os espaços e os tempos de uma autêntica vida familiar, contribui também para agravar discriminações, pobrezas, exclusões e violências. Entre as diversas famílias que vivem em condições de indigência econômica, por causa do desemprego, ou da precariedade do trabalho, ou ainda da falta de assistência social e médica, não raro acontece que alguns, incapazes de ter acesso ao crédito, caem vítimas da usura e às vezes são obrigados a abandonar as suas casas e até os próprios filhos. Em vista disso, sugere-se que sejam criadas estruturas econômicas de apoio adequado para ajudar estas famílias, ou, então, capazes de promover a solidariedade familiar e social.

92. A família é "a primeira célula vital da sociedade".[104] Ela deve voltar a descobrir a sua vocação, em benefício do viver social em todos os seus aspectos. É indispensável que as famílias, reunindo-se, encontrem as modalidades para interagir com as instituições políticas, econômicas

---

[103] EN, n. 20.
[104] AA, n. 11.

e culturais, com a finalidade de edificar uma sociedade mais justa. Por isso, é necessário desenvolver o diálogo e a cooperação com as estruturas sociais, encorajando e ajudando os leigos que, como cristãos, se comprometem nos âmbitos cultural e sociopolítico. A política tem o dever de respeitar de modo particular o princípio da subsidiariedade, sem limitar os direitos das famílias. Em vista disso, é importante levar em consideração a "Carta dos Direitos da Família"[105] e a "Declaração Universal dos Direitos do Homem" (10 de dezembro de 1948). Para os cristãos que trabalham na política, o compromisso em prol da vida e da família deve ter a prioridade, dado que uma sociedade que descuida a família já perdeu a sua abertura ao futuro. As associações familiares, comprometidas no trabalho comum juntamente com grupos de outras tradições cristãs, têm como suas principais finalidades, entre outras, a promoção e a defesa da vida e da família, da liberdade de educação e da liberdade religiosa, da harmonização entre o tempo para o trabalho e o tempo para a família, a defesa das mulheres no trabalho e a garantia da objeção de consciência.

A abertura à missão

93. A família dos batizados é missionária por sua natureza e aumenta a sua fé no ato de proporcioná-la aos outros, antes de tudo aos filhos. O seu próprio viver a comunhão familiar é já a sua primeira forma de anúncio. Com efeito, a evangelização começa a partir da família, na qual

---

[105] Cf. PONTIFÍCIO CONSELHO PARA A FAMÍLIA, 22 de outubro de 1983.

não se transmite unicamente a vida física, mas também a vida espiritual. Não se deve esquecer o papel dos avós na transmissão da fé e das práticas religiosas: eles são as testemunhas do vínculo entre as gerações, guardiões de tradições de sabedoria, oração e bom exemplo. Assim, a família constitui-se como protagonista da ação pastoral através do anúncio explícito do Evangelho e da herança de múltiplas formas de testemunho: a solidariedade para com os pobres, a abertura à diversidade das pessoas, a preservação da criação, a solidariedade moral e material para com as demais famílias, principalmente para com as mais necessitadas, o esforço pela promoção do bem comum, também mediante a transformação das estruturas sociais injustas, a partir do espaço no qual ela vive, pondo em prática as obras de misericórdia corporal e espiritual.

CONCLUSÃO

94. Durante esta assembleia, nós, Padres Sinodais, congregados ao redor do Papa Francisco, pudemos experimentar a ternura e a oração da Igreja inteira, caminhar como os discípulos de Emaús e reconhecer a presença de Cristo na fração do pão na mesa eucarística, na comunhão fraterna e na partilha das experiências pastorais. Fazemos votos para que o fruto deste trabalho, agora entregue nas mãos do sucessor de Pedro, proporcione esperança e alegria a numerosas famílias no mundo, orientação aos pastores e aos agentes no campo da pastoral, bem como estímulo à obra de evangelização. Concluindo este Relatório, pedimos humildemente ao Santo Padre que avalie a oportunidade de oferecer um documento sobre a família para que nela, igreja doméstica, resplandeça cada vez mais Cristo, luz do mundo.

Oração à Sagrada Família

Jesus, Maria e José,
em vós nós contemplamos
o esplendor do verdadeiro amor,
a vós dirigimo-nos com confiança.

Sagrada Família de Nazaré,
faz também das nossas famílias
lugares de comunhão e cenáculos de oração,

autênticas escolas do Evangelho
e pequenas igrejas domésticas.

Sagrada Família de Nazaré,
nunca mais nas famílias se vivam experiências
de violência, fechamento e divisão:
quem quer que tenha sido ferido ou escandalizado
receba depressa consolação e cura.

Sagrada Família de Nazaré,
desperta de novo em todos a consciência
da índole sagrada e inviolável da família,
a sua beleza no desígnio de Deus.

Jesus, Maria e José
escutai, atendei a nossa súplica.

Amém.

Apêndices

SANTA MISSA DE ABERTURA DA XIV ASSEMBLEIA GERAL ORDINÁRIA DO SÍNODO DOS BISPOS

HOMILIA DO PAPA FRANCISCO

Basílica Vaticana
27º Domingo do Tempo Comum,
4 de outubro de 2015

Se nos amarmos uns aos outros, Deus permanece em nós e o seu amor em nós é plenamente realizado. (1Jo 4,12)

As leituras bíblicas deste domingo parecem escolhidas de propósito para o evento de graça que a Igreja está vivendo, ou seja, a Assembleia Ordinária do Sínodo dos Bispos, que tem por tema a família e é aberta com esta celebração eucarística.

Os textos estão centrados em três argumentos: o drama da solidão, *o amor entre homem e mulher* e *a família*.

A solidão

Como lemos na primeira leitura, Adão vivia no paraíso, punha os nomes às outras criaturas, exercendo um domínio que demonstra a sua indiscutível e incomparável superioridade, e, contudo, sentia-se só, porque "não encontrou uma auxiliar que lhe correspondesse" (Gn 2,20) e sentia a solidão.

A solidão, um drama que ainda hoje aflige muitos homens e mulheres. Penso nos idosos abandonados até pelos seus entes queridos e pelos próprios filhos; nos viúvos e nas viúvas; em tantos homens e mulheres, deixados pela esposa e pelo marido; em muitas pessoas que se sentem realmente sozinhas, não compreendidas nem escutadas; nos migrantes e refugiados que escapam de guerras e perseguições; e em tantos jovens vítimas da cultura do consumismo, do "usa e joga fora" e da cultura do descarte.

Hoje vive-se o paradoxo de um mundo globalizado no qual vemos tantas habitações de luxo e arranha-céus, mas o calor da casa e da família é cada vez menor; muitos projetos ambiciosos, mas pouco tempo para viver aquilo que foi realizado; muitos meios sofisticados de diversão, mas há um vazio cada vez mais profundo no coração; tantos prazeres, mas pouco amor; tanta liberdade, mas pouca autonomia... Aumenta cada vez mais o número das pessoas que se sentem sozinhas, e também daquelas que se fecham no egoísmo, na melancolia, na violência destrutiva e na escravidão do prazer e do deus-dinheiro.

Em certo sentido, hoje vivemos a mesma experiência de Adão: tanto poder acompanhado por tanta solidão e vulnerabilidade; e ícone disso mesmo é a família. Verifica-se cada vez menos seriedade em levar adiante uma relação sólida e fecunda de amor: na saúde e na doença, na riqueza e na pobreza, na boa e na má sorte. Cada vez mais o amor duradouro, fiel, consciencioso, estável, fecundo é objeto de zombaria e olhado como se fosse uma antiguidade. Parece que as sociedades mais avançadas sejam precisamente aquelas que têm a taxa mais baixa de natalidade e a taxa maior de abortos, de divórcios, de suicídios e de poluição ambiental e social.

O amor entre homem e mulher

Ainda na primeira leitura, lemos que o coração de Deus, ao ver a solidão de Adão, ficou como que entristecido e disse: "Não *é* bom que o homem esteja só. Vou fazer-lhe uma auxiliar que lhe corresponda" (Gn 2,18). Estas palavras demonstram que nada torna tão feliz o coração do homem como um coração que lhe seja semelhante, lhe corresponda, o ame e tire da solidão e de sentir-se só. Demonstram também que Deus não criou o ser humano para viver na tristeza ou para estar sozinho, mas para a felicidade, para partilhar o seu caminho com outra pessoa que lhe seja complementar; para viver a experiência maravilhosa do amor, isto é, amar e ser amado; e para ver o seu amor fecundo nos filhos, como diz o Salmo que foi proclamado hoje (cf. Sl 128[127]).

Tal é o sonho de Deus para a sua dileta criatura: vê-la realizada na união de amor entre homem e mulher; feliz no caminho comum, fecunda na doação recíproca. É o mesmo desígnio que Jesus, no Evangelho de hoje, resume com estas palavras: "Desde o princípio da criação Deus os fez homem e mulher. Por isso, o homem deixará pai e mãe e se unirá *à* sua mulher, e os dois formarão uma só carne; assim, já não são dois, mas uma só carne" (Mc 10,6-8; cf. Gn 1,27; 2,24).

Jesus, perante a pergunta enfática que lhe puseram (provavelmente como uma cilada, para fazê-lo em seguida aparecer odioso à multidão que o seguia e que praticava o divórcio, como uma realidade consolidada e intangível), responde de maneira franca e inesperada: leva tudo de volta à origem, à origem da criação, para nos ensinar que Deus abençoa o amor humano, é ele que une os corações de um homem e de uma mulher que se amam e liga-os na unidade e na indissolubilidade. Isto significa que o objetivo da vida conjugal não é apenas viver juntos para sempre, mas amar-se para sempre. Jesus restabelece assim a ordem originária e originadora.

A família

"Portanto, o que Deus uniu o homem não separe!" (Mc 10,9). É uma exortação aos crentes para superar toda a forma de individualismo e de legalismo, que se esconde num egoísmo mesquinho e no medo de aderir ao significado autêntico do casal e da sexualidade humana no projeto de Deus.

Com efeito, só à luz da loucura da gratuidade do amor pascal de Jesus é que aparecerá compreensível a loucura da gratuidade de um amor conjugal único e *usque ad mortem*.

Para Deus, o matrimônio não é utopia da adolescência, mas um sonho sem o qual a sua criatura estará condenada à solidão. De fato, o medo de aderir a este projeto paralisa o coração humano.

Paradoxalmente, também o homem de hoje – que muitas vezes ridiculariza este desígnio – continua atraído e fascinado por todo o amor autêntico, por todo o amor sólido, por todo o amor fecundo, por todo o amor fiel e perpétuo. Vemo-lo ir atrás dos amores temporários, mas sonha com o amor autêntico; corre atrás dos prazeres carnais, mas deseja a doação total.

De fato, "agora que provamos plenamente as promessas da liberdade ilimitada, começamos de novo a compreender a expressão 'a tristeza deste mundo'. Os prazeres proibidos perderam o seu fascínio, logo que deixaram de ser proibidos. Mesmo quando são levados ao extremo e repetidos ao infinito, aparecem insípidos, porque são coisas finitas, e nós, ao contrário, temos sede de infinito".[1]

Neste contexto social e matrimonial bastante difícil, a Igreja é chamada a viver a sua missão na fidelidade, na verdade e na caridade. A Igreja é chamada a viver a sua missão na fidelidade ao seu Mestre como voz que grita no deserto, para defender o amor fiel e encorajar as inúmeras

---

[1] RATZINGER, Joseph. *Auf Christus schauen. Einübung in Glaube, Hoffnung, Liebe*. Friburgo, 1989. p. 73.

famílias que vivem o seu matrimônio como um espaço onde se manifesta o amor divino; para defender a sacralidade da vida, de toda a vida; para defender a unidade e a indissolubilidade do vínculo conjugal como sinal da graça de Deus e da capacidade que o homem tem de amar seriamente.

A Igreja é chamada a viver a sua missão na verdade que não se altera segundo as modas passageiras ou as opiniões dominantes. A verdade que protege o homem e a humanidade das tentações da autorreferencialidade e de transformar o amor fecundo em egoísmo estéril, a união fiel em ligações temporárias. "Sem verdade, a caridade cai no sentimentalismo. O amor torna-se um invólucro vazio, que se pode encher arbitrariamente. É o risco fatal do amor numa cultura sem verdade."[2]

E a Igreja é chamada a viver a sua missão na caridade que não aponta o dedo para julgar os outros, mas – fiel à sua natureza de mãe – sente-se no dever de procurar e cuidar dos casais feridos com o óleo da aceitação e da misericórdia; de ser "hospital de campanha", com as portas abertas para acolher todo aquele que bate pedindo ajuda e apoio; e mais, de sair do próprio redil ao encontro dos outros com amor verdadeiro, para caminhar com a humanidade ferida, para a integrar e conduzir à fonte de salvação.

Uma Igreja que ensina e defende os valores fundamentais, sem esquecer que "o sábado foi feito para o homem, e não o homem para o sábado" (Mc 2,27); e sem esquecer que Jesus disse também: "Não são as pessoas com

---

[2] BENTO XVI. Carta Encíclica *Caritas in Veritate*, n. 3.

saúde que precisam de médico, mas as doentes. Não *é* a justos que vim chamar, mas a pecadores" (Mc 2,17). Uma Igreja que educa para o amor autêntico, capaz de tirar da solidão, sem esquecer a sua missão de *bom samaritano da humanidade ferida*.

Recordo São João Paulo II, quando dizia: "O erro e o mal devem sempre ser condenados e combatidos; mas o homem que cai ou que erra deve ser compreendido e amado. [...] Devemos amar o nosso tempo e ajudar o homem do nosso tempo".[3] E a Igreja deve procurá-lo, acolhê-lo e acompanhá-lo, porque uma Igreja com as portas fechadas trai-se a si mesma e à sua missão e, em vez de ser ponte, torna-se uma barreira: "Pois tanto o Santificador, quanto os santificados, todos procedem de um só. Por esta razão, ele não se envergonha de chamá-los irmãos" (Hb 2,11).

Com este espírito, peçamos ao Senhor que nos acompanhe no Sínodo e guie a sua Igreja pela intercessão da Bem-aventurada Virgem Maria e de São José, seu castíssimo esposo.

---

[3] JOÃO PAULO II. Discurso à Ação Católica Italiana, 30 de dezembro de 1978: *Insegnamenti* (1978), 450.

SANTA MISSA DE ENCERRAMENTO DA XIV ASSEMBLEIA GERAL ORDINÁRIA DO SÍNODO DOS BISPOS

HOMILIA DO PAPA FRANCISCO

Basílica Vaticana
30º Domingo do Tempo Comum,
25 de outubro de 2015

As três leituras deste domingo apresentam-nos a compaixão de Deus, a sua paternidade, que se revela definitivamente em Jesus.

O profeta Jeremias, em pleno desastre nacional, enquanto o povo é deportado pelos inimigos, anuncia: "Senhor, salva teu povo, o que restava de Israel!" (31,7). E por que o fez? Porque ele é Pai (cf. 31,9); e, como Pai, cuida dos seus filhos, acompanha-os ao longo do caminho, sustenta o "cego e aleijado, mulher grávida e parturiente"

(31,8). A sua paternidade abre-lhes um caminho livre, um caminho de consolação depois de tantas lágrimas e tantas amarguras. Se o povo permanecer fiel, se perseverar na busca de Deus mesmo em terra estrangeira, Deus mudará o seu cativeiro em liberdade, a sua solidão em comunhão: e aquilo que o povo semeia hoje em lágrimas recolhê-lo-á amanhã com alegria (cf. Sl 126[125],6).

Com o Salmo, também nós manifestamos a alegria que é fruto da salvação do Senhor: "Então nossa boca transbordava de sorrisos e nossa língua cantava de alegria" (126,2). O crente é uma pessoa que experimentou na sua vida a ação salvífica de Deus. E nós, pastores, experimentamos o que significa semear com fadiga, por vezes em lágrimas, e alegrar-se pela graça de uma colheita que sempre ultrapassa as nossas forças e as nossas capacidades.

O trecho da Carta aos Hebreus apresentou-nos a compaixão de Jesus. Também ele "se revestiu de fraqueza" (cf. 5,2), para sentir compaixão por aqueles que estão na ignorância e no erro. Jesus é o grande sumo sacerdote, santo, inocente, mas ao mesmo tempo é o sumo sacerdote que tomou parte nas nossas fraquezas e foi provado em tudo como nós, exceto no pecado (cf. 4,15). Por isso, é o mediador da nova e definitiva aliança, que nos dá a salvação.

O Evangelho de hoje liga-se diretamente à primeira leitura: como o povo de Israel foi libertado graças à paternidade de Deus, assim Bartimeu foi libertado graças à compaixão de Jesus. Jesus acaba de sair de Jericó. Mas ele, apesar de ter apenas iniciado o caminho mais importante, o caminho para Jerusalém, detém-se ainda para responder ao grito de Bartimeu. Deixa-se comover pelo seu pedido, interessa-se pela sua situação. Não se contenta em dar-lhe uma esmola, mas quer encontrá-lo pessoalmente. Não lhe dá instruções nem respostas, mas faz uma pergunta: "Que queres que eu te faça?" (Mc 10,51). Poderia parecer uma pergunta inútil: que poderia um cego desejar senão a vista? E, todavia, com esta pergunta feita "face a face", direta, mas respeitosa, Jesus manifesta que quer escutar as nossas necessidades. Deseja um diálogo com cada um de nós, feito de vida, de situações reais, que nada exclua diante de Deus. Depois da cura, o Senhor diz àquele homem: "Vai, tua fé te salvou" (10,52). É belo ver como Cristo admira a fé de Bartimeu, confiando nele. Ele acredita em nós, mais do que nós acreditamos em nós mesmos.

Há um detalhe interessante. Jesus pede aos seus discípulos que vão chamar Bartimeu. Estes dirigem-se ao cego usando duas palavras, que só Jesus utiliza no resto do Evangelho. Primeiro, dizem-lhe "coragem!", uma palavra que significa, literalmente, "tem confiança, cria ânimo!". É que só o encontro com Jesus dá ao homem a força para enfrentar as situações mais graves. A segunda palavra é "levanta-te!", como Jesus dissera a tantos doentes, tomando-os pela mão e curando-os. Os seus limitam-se a repetir as palavras encorajadoras e libertadoras de Jesus, conduzindo diretamente a ele sem fazer sermões. A isto são chamados os discípulos de Jesus, também hoje, especialmente hoje: pôr o homem em contato com a misericórdia compassiva que salva. Quando o grito da humanidade se torna, como o de Bartimeu, ainda mais forte, não há outra resposta senão adotar as palavras de Jesus e, sobretudo, imitar o seu coração. As situações de miséria e de conflitos são para Deus ocasiões de misericórdia. Hoje é tempo de misericórdia!

Mas há algumas tentações para quem segue Jesus. O Evangelho de hoje põe em evidência pelo menos duas. Nenhum dos discípulos para, como faz Jesus. Continuam a caminhar, avançam como se nada houvesse. Se Bartimeu é cego, eles são surdos: o seu problema não é problema deles. Pode ser o nosso risco: em face dos contínuos problemas, o melhor é continuar em frente, sem se deixar perturbar. Desta maneira, como aqueles discípulos, estamos com Jesus, mas não pensamos como Jesus. Está-se no seu grupo, mas perde-se a abertura do coração, perdem-se a admiração, a gratidão e o entusiasmo e corre-se o risco de tornar-se "costumes da graça". Podemos falar dele e trabalhar para ele, mas viver longe do seu coração, que se inclina para quem está ferido. Esta é a tentação de uma "espiritualidade da miragem": podemos caminhar através dos desertos da humanidade não vendo aquilo que realmente existe, mas o que nós gostaríamos de ver; somos capazes de construir visões do mundo, mas não aceitamos aquilo que o Senhor nos coloca diante dos olhos. Uma fé que não sabe enraizar--se na vida das pessoas permanece árida e, em vez de oásis, cria outros desertos.

Há uma segunda tentação: cair numa "fé de tabela". Podemos caminhar com o povo de Deus, mas temos já a nossa tabela de marcha, onde tudo está previsto: sabemos para onde ir e quanto tempo gastar; todos devem respeitar os nossos ritmos e qualquer inconveniente nos perturba. Corremos o risco de nos tornarmos como "muitos" do

Evangelho que perdem a paciência e repreendem Bartimeu. Pouco antes repreenderam as crianças (cf. 10,13), agora o mendigo cego: quem incomoda ou não está à altura, deve--se excluí-lo. Jesus, pelo contrário, quer incluir, sobretudo quem está relegado à margem e grita por ele. Estes, como Bartimeu, têm fé, porque saber-se necessitado de salvação é a melhor maneira para encontrar Jesus.

E, no fim, Bartimeu põe-se a seguir Jesus ao longo do caminho (cf. 10,52). Não só recupera a vista, mas une-se à comunidade daqueles que caminham com Jesus. Queridos irmãos sinodais, nós caminhamos juntos. Agradeço-vos pelo caminho que compartilhamos tendo o olhar fixo no Senhor e nos irmãos, à procura dos caminhos estreitos que o Evangelho indica, no nosso tempo, para anunciar o mistério de amor da família. Continuemos pelo caminho que o Senhor deseja. Peçamos-lhe um olhar são e salvo, que saiba irradiar luz, porque recorda o esplendor que o iluminou. Sem nos deixarmos jamais ofuscar pelo pessimismo e pelo pecado, procuremos e vejamos a glória de Deus que resplandece no homem vivo.

VIGÍLIA DE ORAÇÃO EM PREPARAÇÃO À XIV ASSEMBLEIA GERAL ORDINÁRIA DO SÍNODO DOS BISPOS

DISCURSO DO PAPA FRANCISCO[1]

Praça São Pedro
Sábado, 3 de outubro de 2015

Queridas famílias, boa-noite!

Que adianta acender uma pequena candeia na escuridão que nos rodeia? Bem mais seria necessário para dissipar a obscuridade. Mas podem-se vencer as trevas?

---

[1] Embora não seja um texto sinodal, este discurso é importante para compreender o pensamento do Papa Francisco referente à Assembleia Sinodal e à sua temática.

Há certas fases da vida (uma vida que, apesar de tudo, está cheia de recursos maravilhosos) em que estas questões se impõem com toda a sua força. À vista das exigências da vida, sente-se a tentação de voltar atrás, desertar e fechar-se, até mesmo em nome da prudência e do realismo, escapando assim da responsabilidade de fazer plenamente a própria parte.

Recordais a experiência de Elias? O cálculo humano leva o profeta a encher-se de medo, e este impele-o a refugiar-se. "Elias ficou com medo, para salvar sua vida, partiu. [...] Andou quarenta dias e quarenta noites, até chegar ao Horeb, o monte de Deus. Chegando ali, entrou numa gruta, onde passou a noite. Então a palavra do Senhor veio a ele, dizendo: 'Que fazes aqui, Elias?'" (1Rs 19,3.8-9). Depois, no Horeb, encontrará a resposta, não no vento impetuoso que fendia as rochas, nem no terremoto, nem sequer no fogo. A graça de Deus não ergue a voz; é um murmúrio, de que se apercebem todos aqueles que estão prontos a ouvir a sua brisa suave: exorta-os a sair, a voltar para o mundo, testemunhas do amor de Deus pelo homem, para que o mundo creia...

Com este fôlego, precisamente há um ano nesta mesma praça, invocamos o Espírito Santo, pedindo que os Padres sinodais – ao debruçar-se sobre a família – soubessem escutar e dialogar tendo os olhos fixos em Jesus, Palavra definitiva do Pai e critério de interpretação de tudo.

Nesta noite, não pode ser diferente a nossa oração. Porque, como recordava o Metropolita Ignácio IV Hazim, sem o Espírito Santo Deus fica longe, Cristo permanece no passado, a Igreja torna-se uma simples organização, a autoridade transforma-se em domínio, a missão em propaganda, o culto em evocação, o agir dos cristãos numa moral de escravos.[2]

Por isso, rezemos para que o Sínodo, cuja abertura é amanhã, saiba reconduzir a uma figura de homem na sua plenitude a experiência conjugal e familiar; reconheça, valorize e proponha tudo o que nela há de belo, bom e santo; abrace as situações de vulnerabilidade, que a põem à prova: a pobreza, a guerra, a doença, o luto, as relações feridas e desfeitas de que brotam contrariedades, ressentimentos e rupturas; lembre a estas famílias, como a todas as famílias, que o Evangelho permanece uma "boa notícia" por onde recomeçar. Do tesouro da tradição viva os Padres saibam tirar palavras de consolação e diretrizes de esperança para famílias chamadas a construir, neste tempo, o futuro da comunidade eclesial e da cidade do homem.

* * *

Com efeito, cada família é sempre uma luz, ainda que tênue, na escuridão do mundo.

A própria história de Jesus no meio dos homens toma forma no seio de uma família e, nela, permanecerá durante

---

[2] Cf. *Discurso à Conferência Ecumênica de Uppsala*, 1968.

trinta anos. A sua é uma família como muitas outras, localizada numa remota aldeia da periferia do Império.

Talvez como poucos mais, Charles de Foucauld intuiu o alcance da espiritualidade que emana de Nazaré. Este grande explorador apressou-se a deixar a carreira militar, fascinado pelo mistério da Sagrada Família, da relação diária de Jesus com os pais e os vizinhos, do trabalho silencioso, da oração humilde. Olhando para a Família de Nazaré, o irmão Carlos sentiu a esterilidade da avidez de riqueza e poder; com o apostolado da bondade, fez-se tudo para todos; atraído pela vida eremita, compreendeu que não se cresce no amor de Deus, evitando a serventia das relações humanas. Porque é amando os outros que se aprende a amar a Deus; é inclinando-se sobre o próximo que nos elevamos para Deus. Através da aproximação fraterna e solidária aos mais pobres e abandonados, ele compreendeu que, afinal, são precisamente eles que nos evangelizam a nós, ajudando-nos a crescer em humanidade.

Para compreender hoje a família, entremos também nós – como Foucauld – no mistério da Família de Nazaré, na sua vida escondida, rotineira e comum, como é a vida da maioria das nossas famílias, com as suas aflições e as suas alegrias simples; vida tecida de serena paciência nas contrariedades, de respeito pela condição de cada um, de humildade que liberta e floresce no serviço; vida de fraternidade, que brota de sentir-se parte de um único corpo.

A família é lugar de santidade evangélica, realizada nas condições mais comuns. Nela se respira a memória das gerações e mergulham raízes que permitem chegar longe. É lugar do discernimento, em que nos educam a reconhecer o desígnio de Deus acerca da nossa própria vida e a abraçá-lo com confiança. É lugar de gratuidade, de presença discreta, fraterna e solidária, que ensina a sair de si mesmo para acolher o outro, para perdoar e ser perdoados.

* * *

Recomecemos de Nazaré para termos um Sínodo que, mais do que falar de família, saiba ir à sua escola, com a disponibilidade de reconhecer sempre a sua dignidade, consistência e valor, apesar das muitas fadigas e contradições que a possam marcar.

Na "Galileia dos gentios" do nosso tempo, voltaremos a encontrar a profundidade de uma Igreja que é *mãe*, capaz de gerar para a vida e cuidadosa em dar continuamente a vida, em acompanhar com dedicação, ternura e força moral. Porque, se não soubermos unir a compaixão à justiça, acabaremos por ser inutilmente severos e profundamente injustos.

Uma Igreja, que é família, sabe apresentar-se com a proximidade e o amor de um *pai*, que vive a responsabilidade do guardião, que protege sem substituir, que corrige sem humilhar, que educa com o exemplo e a paciência... e, por vezes, simplesmente com o silêncio de uma expectativa orante e aberta.

Sobretudo uma Igreja de *filhos* que se reconhecem *irmãos* nunca chega a considerar alguém apenas como um fardo, um problema, um custo, uma preocupação ou um risco: o outro é essencialmente um dom, que permanece assim mesmo quando percorre estradas diferentes.

A Igreja é casa aberta, afastada de grandezas exteriores, acolhedora no estilo sóbrio dos seus membros e, por isso mesmo, acessível à esperança de paz que existe dentro de cada homem, incluindo aqueles que – provados pela vida – têm o coração ferido e atribulado.

Uma Igreja assim pode verdadeiramente iluminar a noite do homem, apontar-lhe credivelmente a meta e compartilhar os seus passos, precisamente porque ela foi a primeira que viveu a experiência de ser incessantemente regenerada no coração misericordioso do Pai.

SUMÁRIO

Siglas 3

Introdução 5

I Parte
A Igreja à escuta da família

Capítulo I – A família e o contexto antropológico-cultural 11
    O contexto sociocultural 11
    O contexto religioso 12
    A mudança antropológica 13
    As contradições culturais 14
    Conflitos e tensões sociais 16
    Fragilidade e força da família 17

Capítulo II – A família e o contexto socioeconômico 19
    A família: recurso insubstituível da sociedade 19
    Políticas a favor da família 20
    Solidão e precariedade 20
    Economia e equidade 21
    Pobreza e exclusão 22
    Ecologia e família 23

Capítulo III – Família, inclusão e sociedade 25
    A terceira idade 25
    A viuvez 26
    A última fase da vida e o luto em família 27
    Pessoas com necessidades especiais 28
    As pessoas não casadas 30

Migrantes, refugiados e perseguidos 30
Alguns desafios peculiares 33
As crianças 34
A mulher 35
O homem 37
Os jovens 38

Capítulo IV – Família, afetividade e vida 41
A relevância da vida afetiva 41
A formação para o dom de si 42
Fragilidade e imaturidade 42
Técnica e procriação humana 43
O desafio para a pastoral 44

II Parte
A família no plano de Deus

Capítulo I – A família na história da salvação 49
A pedagogia divina 49
O ícone da Trindade na família 50
A família na Sagrada Escritura 51
Jesus e a família 54

Capítulo II – A Família no Magistério da Igreja 57
O ensinamento do Concílio Vaticano II 57
Paulo VI 58
João Paulo II 59
Bento XVI 60
Francisco 61

Capítulo III – A família na doutrina cristã 63
Matrimônio na ordem da criação
e plenitude sacramental 63

Indissolubilidade e fecundidade
da união esponsal 64
Os bens da família 66
Verdade e beleza da família 67

Capítulo IV – Rumo à plenitude eclesial da família 71

O vínculo íntimo entre Igreja e família 71
A graça da conversão e do cumprimento 72
A misericórdia no centro da revelação 73

III Parte
A missão da família

Capítulo I – A formação da família 77

A preparação para o matrimônio 77
A celebração nupcial 79
Os primeiros anos da vida familiar 80
A formação dos presbíteros e de outros
agentes pastorais 81

Capítulo II – Família, procriação e educação 85

A transmissão da vida 85
A responsabilidade procriativa 86
O valor da vida em todas as suas fases 88
Adoção e acolhimento 89
A educação dos filhos 90

Capítulo III – Família e acompanhamento pastoral 93

Situações complexas 93
Acompanhamento em diferentes situações 99
Discernimento e integração 104

Capítulo IV – Família e evangelização 109
    A espiritualidade familiar 109
    A família protagonista da pastoral 111
    A relação com as culturas e com as instituições 112
    A abertura à missão 114
Conclusão 117

Apêndices

Santa Missa de Abertura da XIV Assembleia Geral
Ordinária do Sínodo dos Bispos
Homilia do Papa Francisco 121

Santa Missa de Encerramento da XIV Assembleia Geral
Ordinária do Sínodo dos Bispos
Homilia do Papa Francisco 129

Vigília de Oração em Preparação à
XIV Assembleia Geral Ordinária do
Sínodo dos Bispos
Discurso do Papa Francisco 135